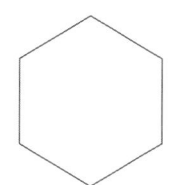

分布式商业

马智涛 姚辉亚 李斌 徐磊 魏思远 ◎ 著

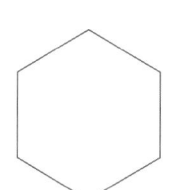
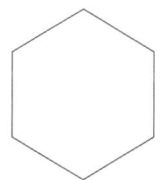

中信出版集团｜北京

图书在版编目（CIP）数据

分布式商业 / 马智涛等著. -- 北京：中信出版社，2020.12
ISBN 978-7-5217-2346-5

Ⅰ.①分… Ⅱ.①马… Ⅲ.①商业模式—研究 Ⅳ.①F71

中国版本图书馆CIP数据核字(2020)第198204号

分布式商业

著　者：马智涛　姚辉亚　李斌　徐磊　魏思远
出版发行：中信出版集团股份有限公司
　　　　　（北京市朝阳区惠新东街甲4号富盛大厦2座　邮编　100029）
承 印 者：北京盛通印刷股份有限公司

开　本：787mm×1092mm　1/16　　印　张：14.25　　字　数：130千字
版　次：2020年12月第1版　　　　印　次：2020年12月第1次印刷
书　号：ISBN 978-7-5217-2346-5
定　价：59.00元

版权所有·侵权必究
如有印刷、装订问题，本公司负责调换。
服务热线：400-600-8099
投稿邮箱：author@citicpub.com

前言

商业模式，历来是企业、行业乃至整体经济发展的重要基石，千百年来已有无数的商业领袖不停地为之思考与探索。面向未来，什么样的商业模式，才能实现可持续发展，而非竭泽而渔？

近十年，移动互联网、数字化技术、分布式技术、智能化技术等蓬勃发展，让我们慢慢走进了数字社会和数字经济的新时代，也隐约为我们指明了未来商业变革的趋势和方向。

作为一群钻研科技的理工人，自 2014 年开始，我们就尝试将各类前沿技术应用于金融业，并在实践中积累了一点心得，亦在 2019 年出版的《新一代银行 IT 架构》一书里，分享了我们在分布式技术运用上的经验和对未来分布式技术发展的预判。我们的理工科背景与商业模式研究原本大相径庭，但在持续思考的过程中，我们发现科技世界里遇到的种种挑战和我们在商业世界里面临的

I

大小难题，有着太多的不谋而合。在好奇心驱使之下，我们团队开始对商业模式的演变和发展进行深入剖析，并尝试把"分布式"理念应用于商业模式之中，以解决当下复杂商业世界中面临的种种挑战。2017 年 2 月，一个叫作"分布式商业"的词语在我们的脑海中闪过，像是在长夜里划亮了一根火柴，凝聚了我们思想的光亮，驱散了我们对未来不确定性的忧虑。我们也尝试赋予它全新的含义："一种由多个具有对等地位的商业利益共同体所建立的新型商业模式，是通过预设的透明规则进行组织管理、职能分工、价值交换、共同提供商品与服务并分享收益的新型经济活动行为。"

伴随着各项前沿技术的迅速发展，分布式商业模式的落地条件也渐趋成熟，两者相辅相成、相互促进。科技与商业模式可以相互借鉴、相互影响，两者息息相关。回顾前路，我们对分布式商业模式的思考有偶然的成分，但也有着千丝万缕的联系。

时至 2020 年，突如其来的疫情将过去的诸多秩序打破，也让人们措手不及。居家隔离、限制出行、地缘政治紧张、金融市场剧烈波动、逆全球化思潮抬头……仿佛就在一夜之间，许多习以为常的常规和常识被颠覆，许多变化亦在加速演进，世界也似乎不再是我们过去认知的世界。也许，再过几年回头看，这也可能是人类历史上一个重要的转折点。一系列重大事件似乎为"分布式商业"提供了历史的注脚。于是，我和团队商量后决定，我们要进行一次关于"分布式商业"的重大发声，不能有负于这个大时代。我们决定充分利用居家办公的这段时间，完成我们一直以来尚未实现的心愿——把我们过去几年来对于科技、数字经济和分布式商业模式等的思考，做一次系统性总结，并按照"分布式"思维方式进行编写工作。经过数十轮的远程会议，稿件经过无数次修订以后，终于在2020年内完成了《分布式商业》这本书。借此，希望能在这场由数字化技术所引发的重大范式转移中，为商业领域的思考者和探索者提供一个新的视角。

任何一种发展模式若想具备可持续性，顶层设计至为重要。科技架构是这样，商业模式亦然。本书一方面将深入解构"分布式商业"模式的显性特征，并通过一系列经济学理论来论述其价值主张。另一方面，也会从七大核心要素，即劳动、资本、土地与空间、知识、组织管理、数据、技术，以及这些要素的组合形态来说明其运行特质。在企业通往分布式商业模式的转型之路上，我们也从战略、组织、管理、产品等方面提出重构思考。为了让大家更直观地理解，我们也罗列了多个领域的落地案例，其中有些仍属于分布式商业雏形，有些则已经相对成熟。但正如书中所提到的，商业模式的转型是一个漫长的过程，不可能一蹴而就，不过我们相信，只要有更多的探索者加入行列，转型之路就一定越走越宽阔。

同时，商业模式的演变往往也会驱动社会治理模式的改进。分布式商业模式所倡议的合作共赢，正是目前人类文明可持续发展所必需的。站在人类文明发展的十字路口，我们希望有更多认

分布式商业

同分布式商业理念的组织和个人,将其应用到构建新型社会治理模式的实践中,筑就一种更有弹性、更具备可持续发展特征的新型经济和社会关系,推动人类文明走上新的台阶。

马智涛

目录

第一章 见微知著：正在悄然发生的改变

随时随地的内容创作　-003-

无拘无束的远程办公　-005-

无处不在的金融服务　-010-

范式转移：分布式技术与分布式商业　-012-

第二章 抽丝剥茧：解构分布式商业

规模经济的历史先进性及"大而不能倒"的弊病　-021-

分布式商业模式的八大典型特征　-027-

分布式商业模式的经济学价值　-038-

分布式商业的初级形态：共享商业与平台商业　-047-

第三章 聚沙成塔：分布式商业的七大核心要素

商业模式是生产要素的有机组合　-053-

分布式的劳动要素：分工协作推动人类社会前进　-059-

分布式的资本要素：信息丰富塑造多元平等的资本市场　-066-

分布式的土地和空间要素：信息技术跨越物理障碍　-072-

分布式的知识要素：开放获取、开放创造　-078-

分布式的组织管理要素：扁平、敏捷、开放　-086-

分布式的数据要素：民有、民治、民享　-093-

分布式的技术要素：架构、智能、信任与共识　-102-

分布式商业时代的激励：动力、机制和可行性　-120-

第四章 顺势而谋：分布式商业时代的竞争战略

重构边界，拥抱开放战略　-131-

打造开放战略观　-134-

呼唤敏捷组织　-139-

管理者的新角色：布道者、风险投资人、园丁　-144-

适应 Z 世代的产品观　-148-

第五章 新火试茶：分布式商业的萌芽案例

分布式零售，让消费触手可及　-157-

分布式金融，让金融更加普惠　-162-

分布式能源，让地球更绿色　-168-

目录

分布式政务，让百姓"最多跑一次" -171-

分布式制造，没有工厂的"世界工厂" -175-

分布式教育，有网络的地方，就有一流的教育资源 -179-

分布式医疗，足不出户，遍访名医 -182-

分布式交通，随叫随到的"私人"司机 -186-

分布式娱乐，生活处处是舞台 -189-

第六章 分布式商业与分布式社会治理

社会治理领域的三大现实难题 -195-

以分布式商业思维优化社会治理模式 -198-

有效治理的前提：度量尺度机制 -203-

多方共赢的保障：激励相容机制 -205-

兼顾创新与风险防控的平衡：合规治理机制 -206-

分布式社会治理的可持续发展蓝图 -208-

后记 -213-

第一章

见微知著：正在悄然发生的改变

随时随地的内容创作

随着"互联网+"的兴起,不难发现,一个新词——"网红"(online influencer)——慢慢走进了我们的日常生活。随着时间的推移,"网红"这个标签已非时尚达人的专属,而是适用于任何敢于表达观点和输出内容的普罗大众。

依托于各类互联网社交与内容平台,出现了很多"网红"。例如,草根美食家 Alex 用矿泉水瓶自制陀螺打蛋器,再用电饭煲自制蛋糕,让网友们隔着屏幕都能闻到香气;野生健身教练 Eva 用米袋完成俯身划船动作,揭示了只要想健身,在哪里都可以,而且任何物件都可以拿来当作健身器械的生活智慧;Tony 老师则教会网友解锁居家理发的新技能,只凭剃须刀和剪刀就能打造完美发型,并掀起了自助理发短视频大赛……除了才艺和生活技能,更多的新闻和资讯也开始在短视频应用上首发。例如,我们可以在短视频软件上看到世界各地的留学生介绍当地的社会突发新闻,看到纽交所交易大厅里的老交易员们对最新行情的表情反应,看到各国领导者颁布最新的政令,等等。

分布式商业

　　与过去有较大不同的是，这些视频并不一定需要一个庞大而专业的创作者团队，哪怕是一个人，且只用普通手机进行拍摄，只要内容足够新颖或独特，也能迅速获得海量的关注度。此外，由于短视频强化了新闻传播的时效性，短视频的内容也从一开始的侧重娱乐化，慢慢向媒体的专业化与严肃内容倾斜。但与传统新闻节目相比，这些严肃内容不再需要固定的专业录影棚来制作，而是随时随地可以产生，也更接地气，容易被网友接受。

　　除了新闻与资讯，我们甚至可以看到演唱会、音乐会、演奏会等传统表演项目也开始从线下转向线上和云端。更进一步地，群体表演甚至也能通过整合多个单一个体的内容而形成。例如，一段由美国国家交响乐团带来的线上演出就博得了网友们的喝彩。该乐团表演的曲目为《贝多芬第七交响曲》的第四乐章《灿烂的快板》，所有演奏者都先行在自己家中分布式地完成了演奏内容的录制，之后再通过后期剪辑处理，将所有人的演奏整合在一起。最终呈现的效果并不亚于在现场的大合奏。这种分布式创作的形式，可以超越空间的阻隔，向大众传递欢乐。

　　智能手机和移动互联网的普及，让每个人既可以是数字内容的消费者，也可以是生产者，内容的创作权也进一步分散到个体的手中。至此，传播的规则出现了变化，传统媒体不再是唯一的发布渠道，内容创作不再是一种特权，无论是偶像艺人还是寻常百姓，都可以通过微信公众号、微博、抖音等应用程序指点江山、激扬文字、表达观点。有时，掌握了第一手资讯的单一个体通过

第一章
见微知著：正在悄然发生的改变

向一个聊天群发送一张截图、一篇文章、一段几十秒的视频，就能够获得比肩于传统媒体的影响力。传播的商业逻辑也相应发生了改变，广告商开始将更多的广告投向内容创作者，短视频直播带货亦成了最受商家青睐的新型营销策略。

当然，这种分散化、个体化的内容创作，依然存在着一些痛点。比如，如何确保这些内容的真实性？随着 AI 换脸等技术的发展，眼见已未必为实。不排除会有小部分人发布虚假内容，或制造假新闻和热点事件，或搞恶作剧，或侵犯他人隐私权等，如果内容平台疏于审核与监督，就有可能造成不良的社会影响。但从另一个角度看，如果平台越来越深地介入内容的运营，这也可能导致创作者的自身权益和话语权被削弱。因此，新型内容创作模式的发展还需引入相应的分布式内容管理机制，这不仅可以对内容本身进行核验，也能对平台等中间方的权力进行制衡，还可通过相应的激励机制，尽可能让整个生态更加平等可持续。

但瑕不掩瑜，可以确定的是，尽管内容的监管仍然是一个有待进一步解决的难题，但内容创作走向"分布式"已经是清晰可见、不可逆转的趋势。

无拘无束的远程办公

对于内心抵制朝九晚五和每日通勤的"千禧一代"而言，最

分布式商业

理想的工作场景莫过于带着手提电脑周游世界,并在旅途中无拘无束地完成所有工作。近些年来,随着远程办公的工具、制度、文化等逐渐成熟,这个场景也相应地从理想变为现实。

这天,小徐所参与的某行业联盟恰好要发起一场技术研讨会,探讨区块链技术的未来应用方向。在过去,受制于差旅、预算、场地、专家档期等种种限制,这类研讨会往往只能聚焦在寥寥几个城市的小圈子中。而现在,在远程会议软件的支持下,物理距离被打破,可以轻松聚齐来自全国各地的专家与观众,实现跨地域的专业对话。小徐首先通过腾讯会议发起了一个"预定会议",确定了会议时间和人数上限后,随即便会生成会议链接、会议 ID 与会议密码、参会号码等信息。将这些信息分享出去后,来自北京、上海、深圳、广州、杭州等地的专家和观众便能通过手机 App、电话拨号、电脑软件等多种方式接入会议,然后,专家们开始轮番进行主题分享和对话讨论,观众们也得以参与实时的远程互动。

除了多机构参与的行业会议,在遇到如会议室爆满、团队分散在多地办公、节假日加班等临时状况时,公司内部的项目工作会议也可以通过这种方式进行。例如,为了追赶周末的突发热点事件,深圳某科技公司的小王临时建了一个"N 月 M 日 XYZ 紧急项目讨论会"的企业微信群,并在会议前号召分散在各地的成员在 PC 端和手机端进行几轮语音通话测试,确保网络、麦克风和声音播放正常,也提示了会议材料共享时可以画箭头、标重点的小技巧。虽然正式开始后,还是会因多人同时说话引发一阵阵回音

第一章
见微知著：正在悄然发生的改变

和嘈杂声，不过大家很快就掌握了远程会议系统的各项功能，工作会议逐渐可以顺利进行。会议结束后，小王通过访问令牌（Token）登录了办公云端桌面电脑（Virtual Desktop Infrastructure，简写为VDI），将项目相关的数据、材料和会议纪要等发给了所有参会人员。在这之后，负责项目开发的程序员们开始使用自带的笔记本电脑登录开发VDI环境，就如同回到了职场一般，可以在同一个界面继续修改编写此前未完成的代码，产出和效率也没有受到影响。

当然，远程办公方式早已有之。回顾它的第一次普及期，甚至可能要追溯到20世纪八九十年代。彼时，全球化浪潮兴起，而由于美国本土的软件人才成本高昂，包括微软、IBM、思科等在内的跨国科技公司，开始在印度、中国、爱尔兰等人工成本相对较低的国家建立软件研发中心，并进一步将大量的软件工作或工序直接外包给当地的第三方公司，以此降低研发成本和生产成本。而由于外包公司的员工分散在全球的各个角落，需要高频地进行跨时区的交流，跨国企业就开始鼓励员工在家中安装终端设备，推行居家远程办公。除了跨境外包的需求增长，近年来，大城市变得拥堵导致个人通勤时间增加，地产价格攀升导致办公室租金成本上升等因素，也进一步加速了远程办公模式的普及。据全球工作场所分析（Global Workplace Analytics）的统计，截至2018年，美国已有470万名员工长期进行远程办公，占总劳动人数的3.2%。

远程办公带来的成本节省效果也非常显著，IBM 在 2009 年发布的报告中称，"在全球 173 个国家共计 386 000 名 IBM 员工当中，大约有 40% 的员工没有任何实体办公场所"。这亦为 IBM 共计节省了 540 万平方米的办公空间，节省成本约 20 亿美元。

远程办公需求的增长反过来逐渐带动了数字图像压缩技术及实时语音、即时通信、网络优化、多点视频乃至视频会议等远程通信技术的成熟。从最开始的电话、邮件、图片，到现在的语音、视频，乃至未来有可能借助虚拟现实（VR）、增强现实（AR）、全息投影、数字孪生等形式开展远程办公。

在工具方面，因企业文化、合作伙伴、协作流程、管理制度、会议组织者等具体需求不尽相同，人们手机里安装的远程办公软件也在不断增加：微信/企业微信、腾讯会议、腾讯文档、钉钉、飞书、华为云 WeLink、讯飞语记、Zoom、Skype、Webex……涵盖了即时通信、音视频会议、文档协作、项目管理、流程管理、设计管理、研发管理等多种类型。随着这些软件产品的不断迭代升级，人们的远程办公体验也有了大幅改善。

在此之上，新的办公体验也意味着协作方式已经悄然发生了变化。过去，企业员工统一在某个物理场所办公，协作方式也是集中的，企业可以通过建立考勤等制度来进行管理和监督，员工之间、部门之间的信息传递也是及时高效的。而在远程办公的形式下，企业或需要放弃随时随地掌握员工动态的想法，以结果为导向或给予员工更多的信任，员工也需要自觉地进行自我监督与

第一章
见微知著：正在悄然发生的改变

约束。这种协作方式的转变并非易事，有些企业为了监督员工是否认真上班，增加了非必要的打卡和例会次数，并要求工作时间内随时响应信息，甚至要求员工全天开放摄像头，这造成了企业和员工之间较大的信任摩擦，反而影响了工作效率。

当然，远程办公的固有缺点在过去也常常备受诟病，除了网速等硬件要求，还有些更难以解决的问题。例如：员工远程工作时，如何辨别和考核他们的工作状况？远程工作是否会让员工与同事以及其他人失去社会联系？如何规避其他家庭成员的干扰，找到安静的工作环境？随着未来远程办公需求的增加，这些问题也变得更加尖锐和迫切。

的确，虽然科技的进步已能充分满足远程办公的硬件要求，但远程办公若想在大范围、长期非应急状态下得到普及，还需要其内在的协作机制在未来也发生相应改变。

其一，如何在远程办公的方式下，保持过去的协作频率？在工作空间的研究中有一种理论是"艾伦曲线"（Allen Curve），它指出物理距离和人们的沟通频率之间存在很强的负相关关系；社会心理学层面也有一个"曝光理论"，我们见到某个人的次数越多，就越容易对此人产生好感。

其二，如何改变管理制度和管理方式，确保更高的协作效率。职场更像是一个庞大的生态体系，除了工作上的交流，还有思维的碰撞、制度的约束、办公的仪式感、竞争意识的培养等，这些都需要获得新的土壤。虽然社会分工协作方式的转变并非一蹴而就，但无论如何，这已给我们提出了一个值得思考和观察的现象级命题。

大众已经广泛认知和逐渐认可远程办公这种分布式的协作方式，也感受到其人性化、高自由度、鼓励自我创新和自我驱动等优点。相信未来随着更加酷爱无拘无束的"00后"走进职场，传统的在固定时间把人集中在固定场所的集中式办公模式，将有望逐步被分布式的办公或协作模式所替代。

无处不在的金融服务

经济发展进入新常态和移动互联网技术的成熟也让金融服务发生了变化。众所周知，数量庞大的中小微企业是提升经济增长、拉动社会就业、促进产品和服务创新的重要驱动力，但因缺乏数据、资产、品牌等信用背书，一直以来都较难获得金融服务，在发展中经常面临融资难、融资贵等问题。一旦宏观经济环境出现较大的周期性波动，势必会动摇中小微企业的生存根基。

因此，从2015年开始，以银行为首的金融机构开始积极对接制造业、物流、商超、餐饮、电商平台等行业企业，力求通过新型的数字化工具和金融科技将服务嵌入各类场景之中，进而基于这些场景的数据优化风险管理能力，拓展服务边界，实现无处不在的金融服务，帮助产业链上的中小微企业解决资金紧张等问题。

第一章
见微知著：正在悄然发生的改变

经过多年的布局耕耘之后，场景金融支持中小微企业的成效在新冠肺炎疫情发生的特殊时期得到了非常显著的体现。2020年的春天，张老板的奶茶店遭遇重创，本应是旺季的春节假期，受疫情影响，大多数商场停业，人流锐减，且营业收入预计在未来很长一段时间内都将持续低迷。而员工工资还得照发，食材也会慢慢过期，店铺租金更是一座大山。张老板的资金只够扛2个月，再这么下去，辛苦经营了好几年的奶茶店只能关闭了。张老板并非特例，由于突如其来的疫情，全国餐饮行业经历了一场史无前例的考验，彼时全国超七成的门店接近停业，客流量同比下降超九成，营业额整体同比下降超九成，流动资金能够撑到3个月以上的餐饮企业占比或不足一成，外卖虽然成了餐饮企业首选的自救模式，但仍是杯水车薪。

幸运的是，张老板的奶茶店正好开在某大型连锁商场里，该商场与银行一直有场景金融方面的合作，因而及时推出了基于场景的小微商家纾困融资方案，提供优惠的租金贷和经营性贷款产品。在这个贷款产品的背后，银行不仅连接了征信、工商、税务等机构获取多维度数据源，还连接商场，并经授权获得小微商家过去的经营数据，从而可以在大数据技术和人工智能算法的帮助下，根据不同的风险特征给予商家不同的优惠利率；纯线上化的流程，还可以让商家不用去银行网点就能签订电子借款合同并便捷提款。

最终，张老板顺利地获得了一笔经营贷款，拿到"救命钱"，解决了人员工资、材料采购和日常周转资金的燃眉之急，扛过了疫情最严峻的时刻，坚持到了全面复工后的消费回暖。

可见，更加下沉、场景化、分布式的金融服务，可以触达过去传统金融服务难以覆盖的小微个体，从而帮助其在危机之中具备更强的抗风险韧性，进而驱动实体经济的茁壮发展。

范式转移：分布式技术与分布式商业

以上我们列举的几个情景反映出人们的生活方式、行为方式、价值观已从过去自上而下、由中心至外的执行式协作，悄然转变成了积极发挥个体主观能动性、自下而上的分布式协作方式。

此外，过去几年来，宏观环境也逐渐显现出一些不太明显、且具有强不确定性的潜在趋势性变化——或者可以称为"暗趋势"。这里的"暗"有两层含义：第一，指某种已经潜伏很久但又代表着未来的可能性，虽然这种可能性一直没有爆发，但是由于能量的累积已经达到了引发质变的水平，它正在或者即将成为主导这个世界的趋势；第二，虽然我们已经看到了某些趋势的崛起，但是仍然没有找到应用这些趋势的正确方式，即尚未让趋势产业化和商业化。[①] 以下几种现象，正是我们在写作本书的当下可以观

---

① 王煜全. 暗趋势：藏在科技浪潮中的商业机会 [M]. 北京：中信出版集团，2019.

第一章
见微知著：正在悄然发生的改变

察到的现象及背后的"暗趋势"。

现象一，全球化进程受阻。近几年来，国与国之间的贸易摩擦或政治纷争不断，英国也正式脱离欧盟，结束了47年的深度融合历程。而在抗击新冠肺炎疫情的过程中，大部分国家之间亦迟迟未能建立快速高效的共同应对机制。究其原因，此前全球化进程中产生的最大问题就是贫富差距日益扩大，联盟内部由于各国话语权不同，难以从根本上抹平发展的差距，疫情又进一步加剧了对邻国的不信任感及供应链过于集中的脆弱性。不过，全球化产业分工和供应链国际协作的方式已经运作了数十年，虽然短期内"逆全球化"有可能会占据上风，但只要资本运作、产业分工、技术扩散的逻辑不变，全球化的局面应该不会彻底逆转。因此，未来的世界格局更可能是全球化、区域化、本土化三种形态并存。在这种格局之下，未来各国的合作将是建立在共建、共商、共享的基础之上，具备平等、互利、普惠、包容、松散耦合等特质，如此方能平衡各国之间的利益，缓和各国内部阶层的矛盾，确保所有国家都能受益。

现象二，跨境融合和对外开放成为中国发展的机遇所在。中国在数年之内密集提出了"一带一路"倡议、粤港澳大湾区建设、澜湄合作、金融对外开放等愿景与合作，目标是推动中国更深度地融入世界，改变世界经济发展不平衡的状态，缩小国家间的发展差距。在这个愿景下，更全面的跨国界合作与外延式发展将成为中国企业探索新型商业模式的机遇。

现象三，数字经济和产业互联网蓬勃发展，尤其以大数据、人工智能、云计算、区块链等为代表的金融科技技术有效推动了金融业的数字化和智能化转型。而开放金融的发展趋势也有望推动其他产业的数字化升级，实现场景延伸，从而构建无处不在的金融体验。相信未来产业的数字化发展，以及不同产业之间、金融与产业之间的深度融合也将呈现持续性的发展趋势。如何在合作中设计激励机制、确保各方的权责对等，也将是需要关注的工作目标。

现象四，监管趋于穿透式和精准化。由于数据成为大数据时代的重要生产要素和资产，越来越多的企业通过收集用户数据并将其出售给应用程序开发人员或广告客户实现盈利，造成用户隐私泄露问题，因此各国政府开始加强对个人数据安全、隐私保护、算法公平性和模型透明度等议题的关注，如欧盟出台了《通用数据保护条例》（General Data Protection Regulation，简写为 GDPR），中国也发布了一系列与个人信息保护相关的监管框架，即"一法三办法"。[1] 而在经济低迷的周期中，欧美政府对部分大企业进行了债务救助。这些都将让政府和监管机构更加密切关注企业的日常经营过程。因此，未来"精准监管"和"穿透式监管"也是一个重要的趋势，垄断式发展和集中式收集数据的企业将成为重点打击目标，商业运作模式是否透明将成为重要的执行基础，这值

---

[1] 谢旺旺. 个人金融信息保护监管框架：一法三办法 [J]. 金融科技微洞察，2020. 2.21.

第一章
见微知著：正在悄然发生的改变

得企业思考新趋势下的应对之道。

现象五，前沿科技正在普及并走向开源，获取的门槛逐渐降低。这些技术提供了一种新的可能性，即形式上无须采用紧耦合的组建联盟方式，而是可以以"松散耦合＋独立决策＋建立基于技术的信任和智能协同机制"的形式进行合作，这个发展趋势也与现象一的诉求相契合。

从以上种种现象及其背后的"暗趋势"中，我们不难发现，世界有可能从过去的集中式演变成分布式的发展形态，一些新的特性，如多方参与、松散耦合、自下而上、注重资源共享及协同合作、强调模式透明、设立激励机制、鼓励跨国界合作等，也在上述现象中隐约显现，并如搭积木一般构建起新的发展形态。这些特性及形态的变化也被称为"范式转移"，这个概念是由科学哲学家托马斯·库恩（Thomas Kuhn）提出的，指的是"特定的科学共同体从事某一类科学活动所必须遵循的公认的'模式'，它包括共有的世界观、基本理论、范例、方法、手段、标准等与科学研究有关的所有东西"。[1] 近几十年来，互联网的兴起、智能手机的普及、移动互联网和社交网络的发展等，都是我们能切身体会到的范式转移的实例。现在，分布式发展将有望成为下一个范式转移的关键词。新的分布式范式除了对世界文明、政治和经济生活

---

[1] 托马斯·库恩. 科学革命的结构［M］. 金吾伦，胡新和，译. 北京：北京大学出版社，2012.

产生影响，也会给商业模式带来颠覆性的改变，这也是我们在本书中重点探讨的领域。

当然，范式转移从来都不是一蹴而就的，而是一个过程，其发展也具有较大的不确定性。新范式出现的时候往往如同一株幼苗，不能立刻被确认是否会长成参天大树，而追随老范式的人也会坚决抵制新范式。但从历史的发展经验来看，科技的变革往往会成为新范式的推动力量和忠实保障，分布式范式的发展背后，也得到了移动互联网、大数据、云计算、区块链、人工智能、物联网、5G等新一代数字化技术的助力。

例如，云计算技术推动商业社会朝着平台化方向发展，可有效降低多主体进行商业合作的成本。商业活动所需的各类能力可以进一步实现"分布式"，不同的商业参与方可分别贡献架构设计能力、产品设计能力、运营和风控能力、销售能力、资金筹集能力、客户服务能力等，从而在云平台中叠加软件服务、牌照、业务流程、端到端的产品体验和最佳行业实践等，形成平台化服务。进行合作的商业主体无须重复建设IT基础设施，可降低为响应市场需求的快速试错与快速迭代成本。

区块链和分布式账本技术的解决方案可以传递信任，让商业主体间的协作更加可信。通过区块链中的非对称加密、隐私保护算法、共识机制、智能合约、点对点通信技术、分布式架构技术、分布式存储技术和安全多方计算技术等，商业模式中的参与方都享有地位对等的权利。企业间可构建对等互信的区块链网络，便

第一章
见微知著：正在悄然发生的改变

捷安全、点对点地交换和共享数据；可采用共享的分布式账本记录业务数据，避免数据被篡改、伪造或产生一致性差异，还能实现全业务流程的可追溯、可审计；可通过智能合约功能实时自动生成相关文件，自动执行业务逻辑及商业契约等。由此，合作与连接变得更加简化，降低了快速试错的成本，有效提升商业上的容错性。

人工智能技术推动商业社会朝着智能化、自动化的方向发展，促进商业中的智能协同合作。业务流程全面转向智能化之后，多方合作的规则与执行可交由算法进行自动化处理，从而提升商业合作的公平性与效率。例如，基于AI的"联邦学习"技术就能够在有效保护参与方数据隐私的基础上解决信息孤岛问题，促进商业中的各方协同合作，实现价值最大化。

移动互联网技术亦持续推动商业社会朝着移动化、场景化方向发展，商业场景更加"无处不在、无时不在"。产品和服务可通过软件开发工具包（Software Development Kit，简写为SDK）或应用程序编程接口（Application Programming Interface，简写为API）等方式渗透至电商、外卖、打车、租房、装修等各行各业的App和生活场景中，无限贴近用户需求，发现或重塑客户关系，同时提高有效资源的周转效率和服务客户频次，实现客群、渠道、产品、交互及周转频次等多维度相互叠加的全面价值发掘，最终形成实现双方甚至多方共赢的下一代商业模式。

除此之外，5G、物联网、边缘计算还可以与上述各类技术深度融合，进一步推动物流、信息流、资金流乃至全商业社会，朝着可信化、透明化的方向深化发展，全面降低合作的操作风险、道德风险、信用风险、信息保护风险以及合作成本等。

于是，我们相信，在新的范式和各类前沿技术的驱动下，商业模式也将被重塑。自2017年2月开始，我们就将这类新的商业模式命名为"分布式商业"模式，并赋予它全新的含义："一种由多个具有对等地位的商业利益共同体所建立的新型商业模式，是通过预设的透明规则进行组织管理、职能分工、价值交换、共同提供商品与服务并分享收益的新型经济活动行为。"

综上所述，分布式商业作为时代"暗趋势"演变的结果和新范式的典型代表，已在我们的生活方式、行为方式和价值观中初露端倪，更有望在新一代数字化技术的驱动下，逐步在各行各业中落地生根。那么，分布式商业具有什么特征，由哪些要素组合而成，又有哪些触手可及的应用场景？我们将在后面的章节中抽丝剥茧、细细道来。

第二章

抽丝剥茧：解构分布式商业

规模经济的历史先进性及"大而不能倒"的弊病

天命玄鸟,降而生商。4 500年前,最早的商人在部落间以物易物,开创商业,历经14代人的财富积累,建立起了商朝。自此,与物品交换有关的人、事、物皆称为"商"。千百年来,商业主体很容易走向优胜劣汰和规模化集中发展,因为其可以在实现规模化扩张之后,通过控制某种商品或服务的生产和销售市场,把商品或服务的价格提高到平均价格之上,从而获得高额利润。

不可否认,这种集中与规模化的发展模式具有一定的历史先进性和适应性,也是过去特定的历史条件和发展趋势下形成的一个必然结果。

一方面,过去的市场份额在某种程度上具有一定的无限性。从改革开放以来的商业发展历史看,由于人口红利,互联网用户群体也从无到有地实现了爆发式增长。由于市场不断扩大或存在扩大的空间,而固定的生产成本可以被认为变化不大,那么只需要通过集中或垄断式发展扩大规模,占据更大的市场、提高产量,平均成本就可以不断降低，还能获得更大的上下游谈判优势，从而获得更高的利润，这也是规模经济背后的原理。根据规模经济理论，当企业的产量规模达到一定水平后，由于各项生产要素的有机结合产生 1 + 1 > 2 的效应，生产成本下降，经济效益得以提高。

另一方面，过去的生产资料具有一定的集中性。除了资本、劳动力、土地、原材料等资源的集中，更重要的是先进生产知识的集中。例如，封建时代的纺织、种植、盐铁等方面的先进知识掌握在门阀士族手中；进入近现代，先进知识与技术虽由科学家和工程师研发，却以专利等形式掌握在企业家手中。因此，集中式发展可以汇聚人才和研发资源，从而获得更大的竞争优势。

然而，随着人口红利的消失，以及数字经济时代的到来，过去的规模经济发展优势开始遭遇瓶颈。一方面，由于人口老龄化和互联网用户数趋于饱和，过去的增量市场竞争转变为存量市场博弈的格局。因此，要取得规模化的竞争优势变得更难，垂直行业领域可能是"一将功成万骨枯"，由于竞争者快速进入，市场从诞生到变为"红海"的时间大大缩短，规模优势容易被侵蚀，需要不断投入资本进行维护，竞争消耗大大提升，最终导致商业模式的不可持续。另一方面，在数字经济时代，新的生产要素，即知识和数据要素的重要性进一步提升，成为不可或缺的关键生产要素。不过，由于知识要素更新迭代的速度很快，复制和转移成本较低，且由于开源理念的普及，更多新知识是通过分工协作的

第二章
抽丝剥茧：解构分布式商业

方式产生的，且可以自由分享，因此知识将难以像土地、资本等要素一样被集中式控制或形成垄断，这便不利于规模经济的发展。同时，数据要素也变得更加普惠和分散，且其归属权逐渐回归至个体，需经授权才可使用，也需要多方联合进行数据合作才能得到有效运用，这一趋势同样不利于集中化的发展模式。

因此，集中式发展和规模经济的土壤和环境已经发生了变化，在其发展过程中积累下的矛盾进一步激化，也让我们看到其发展模式中越来越多的弊病与不足。

首先，集中式模式容易导致信息与决策机制的传导效果下降，影响管理与执行效率，陷入"中等规模陷阱"。"中等规模陷阱"这一概念由世界银行发布的《东亚经济发展报告（2006）》中所提出的"中等收入陷阱"衍生而来。其表现是，当小企业的规模发展到一定阶段后，原有的经营模式、客户结构和服务能力难以再支持高质量、高速度的发展，无法继续发挥出规模经济效应，既不能保持强劲增长势头，也失去了小企业的灵活优势。

这个现象背后的主要原因是，集中式模式往往选择的是自上而下的金字塔型管理架构，随着中小企业的人员增长和经营范围、生态规模的扩大，管理也将变得越来越难，这种组织结构容易呈现出以下问题：第一，随着企业规模的增长，管理人员的管理半径过大，容易导致管理精力和能力不足；第二，因管理层级较多，信息在自下而上的传递过程中受到层层过滤后，其真实性及效率或将大打折扣，容易出现管理人员之间信息沟通不畅、官僚主义、决策失误、铺张浪费、对竞争对手和市场反应迟钝、错失发展机会或延缓业务进展等问题；第三，集中式模式下的规模扩张，更多是来自对原有业务或市场的复制，而非来自创新驱动的增量市场，这样一来，企业内部各部门之间就容易产生同质化的竞争，很可能为了争夺市场存量业务而导致资源内耗严重。

其次，资源的过度集中对个体或许是最优策略，但对经济体全局可能带来最差的结果；尽管各国都有《反垄断法》等限制垄断行为的法律法规，但集中式模式依然容易导致资源向大型企业集聚，从而可能形成隐性垄断，并埋下"大而不能倒"的隐患。例如，在2020年，当公众对经济的担忧引发了资本市场的抛售潮时，美联储和美国政府连续通过降息、量化宽松、财政刺激计划等形式释放大量资金救市，而这些资金或将定向用于拯救类似波音公司这样的大企业。这样的情景已非首次，早在2008年，AIG、高盛等金融机构的投行经理们，为了短期利润无所不用其极，导致发生次贷危机。而当金字塔倒塌、泡沫破裂、大投行们面临破产风险时，又由于牵涉公众规模过大和对经济影响太深，美联储和美国财政部最终不得不出手相救。"大而不能倒"的弊病让垄断了资源的大企业绑架了全民利益，也不利于经济的可持续发展，毕竟，从就业结构看，中小微企业雇用了全球70%的人口，它们才是促进经济增长、拉动社会就业、提升产品和服务创新活力的主要驱动力。除此之外，集中式模式和垄断造成的结果是一个行业中只有少数企业在经营，价格由寡头而非由

第二章
抽丝剥茧：解构分布式商业

市场决定，以致市场这只"看不见的手"失去了定价权和价格调节作用，更容易导致贫富分化、阶层矛盾扩大等社会问题，甚至诱发孤立主义、贸易保护主义、民粹主义、"反全球化"等思想的萌生。

最后，在集中式模式下，生产要素容易出现"边际收益递减"的不利情况，不利于全社会资源的最优配置。经济学中的边际收益递减规律表明，在技术水平没有发生太大变化的前提下，如果某种生产要素难以提升和增长，其他要素也会出现边际收益递减的现象。例如，在全球老龄化的趋势下，对于已经扩大到一定规模的大型企业而言，可用的劳动力，尤其是高精尖人才的数量是有限的，甚至是逐步下降的，这就容易导致土地、资本等要素投入的边际收益递减：一方面，大企业即使购买再多的园区和办公楼，也很难招聘到相应数量的人才使用这些场所；另一方面，由于人才不足，即使融入再多资金扩大生产，资本对产出的边际提升效用也会大幅降低。

总而言之，集中式模式与规模经济虽然具有一定的历史先进性，但受制于管理效率和能力下降、寡头垄断引发社会问题、要素投入出现边际收益递减等三大弊病，现已形同强弩之末，其未来之路已渐行渐窄，转型刻不容缓。

延伸阅读

《反托拉斯法》、"看不见的手"、《财富》500强收入占比与世界贫富差距

19世纪末，各主要资本主义国家先后产生垄断财团，控制了石油、煤炭、铁路、制糖、烟草等国家经济命脉，大量中小企业被吞并。特别是随着铁路网络的形成，市场开始形成一个整体，各种工业品打破地域的限制，以大吃小的矛盾异常尖锐。以美国为例，处于劣势的中小企业，要么被大企业兼并，要么被挤出市场。1888年，美国参议院的共和党议员约翰·谢尔曼（John Sherman）振臂一呼，提出了立法反垄断的建议。最终，美国国会于1890年7月20日通过了《抵制非法限制与垄断保护贸易及商业法》，这部法律也被命名为《谢尔曼法》，又由于当时企业兼并多是通过"托拉斯"的形式进行，所以这部法律也称《反托拉斯法》。[①]

垄断市场的反面即完全竞争市场。完全竞争市场在引导生产者追求自己利益的过程中，也有效地促进了社会整体利益最大化。亚当·斯密认为，市场竞争引导每个生产者不断地努力追求自己的利益，他们所考虑的并不是社会利益，但是，由于受一只"看不

---

① 资料来源：http://bjgy.chinacourt.gov.cn/article/detail/2004/03/id/824202.shtml.

第二章
抽丝剥茧：解构分布式商业

见的手"的指引，他们还是去尽力达到一个并非他们本意想要达到的目的。完全竞争市场虽然在现实生活中很难成立，但从侧面反映了更深层次打破垄断的好处。①

《财富》杂志自1955年开始发布美国500强榜单，经粗略计算，当时美国500强的总营业收入大约相当于美国GDP的35%，2007年这一数据却已高达73%。虽然在2008年金融危机发生后，500强的地位略被削弱，但到2018年，这一数据已悄然回归至66%的高位。大企业的力量发展强大，全球中小微企业生存现状之艰难，可见一斑。世界不平等实验室（World Inequality Lab）2018年发布的《世界不平等报告》中的统计数据表明，全球最富有的1%的人群占有的财富份额从1980年的28%上升至2016年的33%，而底部75%的人群所占有的财富份额则一直停留在10%以下，如果贫富差距照此趋势继续发展，到2050年，全球最富有的1%人群所占有的财富将升至近40%。②

分布式商业模式的八大典型特征

面对集中式商业发展模式的天然弊端，我们在第1章中提及的

---

① 资料来源：亚当·斯密所著的《国富论》。
② 资料来源：2018年《财富》美国500强排行榜、《世界不平等报告》。

范式转移给我们带来了新的可行解决方案——分布式商业，而且，在这些新现象、暗趋势和范式形态中，我们观察到了很多新的特征。这些特征使得新的商业模式具备了与过往商业模式不同的能力边界。我们将其归纳为分布式商业模式的八大典型特征：多方参与、松散耦合、自下而上、共享资源、智能协同、激励相容、模式透明、跨越国界。

特征一，多方参与

这是社会分工精细化、数据资源分散化、产业跨界融合等因素推动的结果。

首先，数字时代的个人需求趋于多样化，产品和服务越来越复杂，而每家公司、每个劳动者的知识领域和能力边界都不同，因此在产业链和生态中将诞生更多的参与者角色，角色之间也须开展更广泛的分工合作，从而在各自擅长的领域贡献价值。

其次，数据资源成为新的生产资料，而数据的来源往往是分散的，一个企业所用到的数据往往不只是自身的数据，而是通过多个渠道交换、整合或购买来的数据，这就决定了多个数据相关方之间需要开展更密切频繁的合作。相应地，也需要给予每个数据资源的拥有主体对等的商业话语权，从而提升商业决策者的数量。

最后，各类科学技术的飞跃发展使得过去按行业划分的产业聚集模式逐渐被跨领域融合模式所取代，传统的行业界限被打破，

第二章
抽丝剥茧：解构分布式商业

不同行业的企业走到一起寻求合作，以增加各自的市场机会，这也促进了多方参与的场景增加。

随着参与者角色增加，一个生态网络将形成，并随之产生网络协同效应。这意味着消费者或使用者越多，其价值就越大。[①] 相比于过去的规模效应，分布式商业模式下的网络协同效应更能推动产业从封闭的供应链体系走向开放的社会化协同体系，提高管理效率，降低运营成本。

特征二，松散耦合

这与全球经济和政治不确定性提升息息相关。伴随着英国脱离欧盟、大国贸易摩擦不断、全球新冠肺炎疫情等突发性事件的发生，逆全球化思潮抬头，经济和政治的不确定性增加，以致过去组建联盟或合资企业的紧耦合形式已难以有效应对这些变化。同样地，在这样严峻的外部环境下，企业靠单打独斗很难独善其身。因此，最好的办法就是以松散耦合型的组织形式开展合作，提高自身的组织弹性和应对能力。

在松散耦合型的组织形式中，任何一个参与方都是可替代的，并可通过预先的机制设计和技术手段，规避离开某一方则整个商

[①] 奥兹·谢伊. 网络产业经济学 [M]. 张磊，等，译. 上海：上海财经大学出版社，2002.

业模式就无法运转的风险。"耦合"一词最初源自软件领域，本义是指软件组件之间的依赖程度，松散耦合架构可以降低系统的整体复杂性和依赖性，使应用程序环境更敏捷，能更快地适应更改，从而降低风险。类似地，由于宏观环境的不确定性加大，商业合作伙伴之间的关系会更加变幻莫测，合作关系可能时而建立，时而断绝，可能在某一市场是合作伙伴，在另一市场却成为竞争对手；同时，供应链中的上下游企业如果捆绑得太紧，一旦某一环节出了问题，整个业务也会变得难以为继。

因此，采用松散耦合型的组织架构构建分布式商业模式，既有利于对环境的不确定性做出灵活反应，实现提升组织弹性和消解不确定性的目标，又有利于保障"业务连续性"不因少数合作伙伴出现问题而受影响。

特征三，自下而上

数字时代的变化加快，让企业渐渐处于 VUCA[①] 的环境之中，即易变性（volatility）、不确定性（uncertainty）、复杂性（complexity）、模糊性（ambiguity），这要求企业和商业主体要实现敏捷组织的变革，以提高整体的反应能力和应变能力。

[①] Nathan Bennett, G. James Lemoine. What VUCA Really Means for You [J]. Harvard Business Review. 2014, 2.

第二章
抽丝剥茧：解构分布式商业

自上而下与自下而上是组织管理工作中的两种思维方式，其中，自上而下是指大部分决策权掌握在组织的最高层部门，由他们负责配置资源，当部门之间发生矛盾时，主要是由他们进行协调；自下而上则恰好相反，组织中的大部分决策权下放给中下层，最高层只负责组织的长远战略和与组织长远利益有关的重大事情，当部门之间发生争执时，自行协调解决。

从管理效果的角度看，过去的自上而下或自核心到边缘的金字塔型治理结构，存在管理层冗余、内耗严重、管理能力不足等缺点，而自下而上的管理和治理机制有利于发挥每个参与主体的主观能动性，帮助个体实现自我管理、自我约束、自我协调和自我发展，从而提高组织的韧性；从信息传导的角度看，当前是信息和知识爆炸时代，少数管理层或少数核心企业也难以掌握全部有效信息或知识，过去先将信息全部汇总再提交上层决策的方式也会变得越来越迟钝。

因此，将决策权适当下放，打破层级架构，构建自下而上的网状组织和有效的协作机制，才有利于提升组织及商业主体的敏捷性，整合零散的知识或资源，聚沙成塔，赋予整个分布式商业模式源源不断的活力。

特征四，共享资源

这是资源和要素种类增加、供给局部过剩、移动终端普及等因素共同作用的结果。

其一，由于数字经济时代新增了知识和数据等生产要素，且要素的所有权进一步分散，因此商业生态需要对技术、流量、数据、渠道、客户等领域的资源拥有者全面开放，打造成要素的集聚地，才能保障自身的商业竞争力。

其二，2008年金融危机后，资源利用效率出现了结构性变化，多数行业的产能和供给出现了局部过剩，大量的资源成为闲置资源，这为资源的共享提供了基础；且很多闲置资源的所有权可清晰界定，其使用权与所有权可有效分离，确保资源共享的可行性。

其三，随着移动终端的普及，需求方与供给方之间可形成实时高效的匹配连接系统，并能形成对于供求双方都具有约束力的信用机制，又有助于资源的贡献者获得相应的收益。

因此，积极共享资源的分布式商业模式，可以盘活资源存量、降低资源获取成本，从而形成商业可持续性，服务更广泛的长尾客群。

特征五，智能协同

这是参与者主体增加、商业复杂度提升、数据量高速增长环境下的要求。

由于商业主体的参与者变得更多，商业逻辑及系统流程的复杂度相应提升，万物互联之下，资源、数据与信息进行交互的数

第二章
抽丝剥茧：解构分布式商业

量和频率也将大大增长，可能远远超过人工处理能力的范畴。而在分布式商业中，通过智能化工具实现协同合作与处理事务，不仅可以提升效率和准确性，降低成本和风险，还可以让事务的全过程可追溯，降低合作伙伴间的摩擦成本。

特征六，激励相容

经济主体都具有自利性，在多方参与的商业模式中，需要促进个体与集体利益的一致。过去大部分的商业合作都缺乏相应的机制，仅仅依靠企业自身的自觉性，或者依靠某家强势企业给出的奖励和惩罚机制以维护合作。对此，经济机制设计理论专家利奥尼德·赫维茨（Leonid Hurwicz）提出了"激励相容"[1]概念：每个理性经济人都会有自利的一面，其个人行为会遵循自利行为原则；如果能有一种制度安排，使行为人追求个人利益的行为，正好与企业实现集体价值最大化的目标相吻合，这一制度安排就是"激励相容"。

在分布式商业模式中，通过设计"激励相容"机制，明确各方权责，有利于消除个体利益与集体利益之间的天然冲突，实现

---

[1] L. Hurwicz. 1972. On informationally decentralized systems. In Decision and organization: A volume in Honor of Jacob Marschak, ed. R. Radner and C. B. McGuire, 297–336. Amsterdam: North-Holland.

使行为个体的行为方式、结果符合集体价值最大化的目标，最终达到"商业可持续"的长远目标。

特征七，模式透明

这与精准监管趋势加强、消费者权益保护意识提升、信任重要性提升等因素有关。

一方面，监管机构更加关注商业规则合理性、算法公平性、模型透明度等问题，个人用户也更加关注自身的权益是否得到妥善保护，尤其是随着大数据技术的普及，企业获取和应用个人数据的行为越来越受到监管机构和普通公众的质疑，具体包括企业可以掌握的个人数据的类型和数量，以及企业如何使用这些数据。

另一方面，在多个参与方需要共同主导具体商业应用的背景下，各方的权利和义务、进行决策的流程、达成共识的方式和方法等也要求透明可追溯，未来的市场也注定是透明开放和彼此成就的。

因此，分布式商业模式中通过预设信任机制或共识机制、大范围采用开源技术等方式，可以实现信任的有效层层传递，以及增强合作者之间的信任，促进长期合作。

特征八，跨越国界

这与市场趋势、人才需求、技术需求等因素的变化有关。

第二章
抽丝剥茧：解构分布式商业

市场方面，尽管贸易摩擦、疫情突发等因素对跨境合作造成了一定的影响，但各国在欧盟、东盟等框架之下，区域化和外延式发展的暗趋势仍将难以阻挡，这将推动企业未来持续开展国际合作。人才方面，专业分工的精细化和人才分布的国际化特征要求企业寻求跨国界的发展模式。技术方面，目前各地数字化发展不平衡，消费者和企业的金融服务体验存在较大差异，技术的跨国界输出将有利于熨平体验差异。

因此，各企业跨国界地构建分布式商业模式，可以消弭政治体制、价值观、人文环境、法律、监管、税务、会计、信息安全等方面的差异，进而通过更为密切的合作来发挥自身优势、实现互利共赢，还有利于推动各国之间构建起新型的国际合作关系，进一步形成人类命运共同体和利益共同体。

归根结底，基于诸多外部因素和内在需求的变化，与过去商业模式截然不同的八大特征开始显现，也带来了新的价值，而这些特征所勾勒的一种新型的商业模式——分布式商业，也由此逐步变得清晰可见、触手可及。

延伸阅读

一支铅笔的旅程（节选）[1]

我是一支铅笔——最普通的木杆铅笔。……在这个地球上，没有一个人能了解我是如何被制造出来的。这听起来实在有点荒唐，是不是？……我的家谱得从一棵树算起，一棵生长在加利福尼亚州北部和俄勒冈州的挺拔的雪松。现在，你可以想象一下，锯子、卡车、绳子，以及无数用于砍伐和把雪松圆木搬运到铁道旁的各种设备。再想想制造和运输工具的形形色色的人和数不胜数的技能：开采矿石，冶炼钢铁，再将其加工成锯子、轴、发动机、绳子；伐木场要有床铺，有帐篷，要做饭，要消耗各种食物。

……到了铅笔制造厂，……一台很复杂的机器在每根板条上开出八条细槽，之后，再由一台机器在另外的板条上铺设笔芯，用胶水粘住，然后，放到其他的板条上面——可以说，做成了一块笔芯三明治。再由机器切割这"牢牢粘在一起的木头"三明治，我跟七位兄弟就诞生了。

---

[1] 作者是伦纳德·里德（Leonard E. Read）。1980年，诺贝尔经济学奖获得者米尔顿·弗里德曼（Milton Friedman）曾经引用这则著名故事，揭示分工协作的重要性。

第二章
抽丝剥茧：解构分布式商业

我的"铅笔芯"本身——它其实根本就不含铅——就相当复杂。石墨开采自锡兰。想想那些矿工和制造他们所用的工具的人，以及那些制作用轮船运输石墨的纸袋子的工人，还有那些装船的人，还有那些造船的人。

……石墨要与产自密西西比河床的黏土混合，在精炼过程中，还要用到氢氧化铵。然后，要添加增湿剂，比如经过磺酸盐处理的油脂——这是用动物脂肪与硫磺酸进行化学反应制造出来的。……为了提高其强度和顺滑性，还要用一种滚热的混合物处理铅笔芯，其中包括固体石蜡、经过氢化处理的天然脂肪和产自墨西哥的大戟石蜡。

我的雪松木杆上涂了六层漆。你知道油漆的全部成分吗？谁能想到蓖麻子的种植者和蓖麻油的加工者也是我的前身的一个组成部分？仅仅是把油漆调制成一种美丽的黄颜色的工序，所涉及的各种各样的人们的技巧，就数不胜数了。

再看看标签。那是炭黑跟树脂加热混合而形成的一张薄膜，请问，你知道怎么制造树脂吗，你知道炭黑是什么东西吗？

……我，铅笔，是种种奇迹的复杂的结合：树，锌，铜，石墨，等等。然而，在这些大自然所显现的种种奇迹之外，还有一个更为非凡的奇迹：人的种种创造精神的聚合——成百上千万微不足道的实际知识，自然地、自发地整合到一起，从而对人的需求和欲望做出反应，在整个过程中，竟然没有任何人来主宰……

分布式商业模式的经济学价值

在前面的章节中我们定性分析了分布式商业模式相比于集中式商业模式的种种优点，而分布式商业模式更大的吸引力还在于，其符合经济学理论中的最优配置结果，兼顾效率、公平与可持续性。具体而言，分布式商业模式契合并具备以下几个经济学理论上的价值。

利用比较优势，降低机会成本，通过交换与合作获益

英国古典经济学家大卫·李嘉图（David Ricardo）曾在其代表作《政治经济学及赋税原理》中提出了比较成本贸易理论（或称"比较优势贸易理论"）。该理论认为，国际贸易的基础是生产技术的相对差别（而非绝对差别），以及由此产生的相对成本的差别。每个国家都应根据"两利相权取其重，两弊相权取其轻"的原则，降低机会成本，集中生产并出口具有"比较优势"的产品，进口具有"比较劣势"的产品。不难发现，这个理论清晰解释了为什么顺畅的国际贸易在过去几百年来逐渐将人类社会带向共同的繁荣。在此基础上，瑞典经济学家伊莱·赫克歇尔（Eli Heckscher）和伯特尔·俄林（Bertil Ohlin）进一步提出"要素禀赋论"，指出各国间要素禀赋的相对差异，以及生产各种商品时利用这些要素

第二章
抽丝剥茧：解构分布式商业

的强度差异是国际贸易的基础，并认为一国应该出口由本国相对充裕的生产要素所生产的产品，进口由本国相对稀缺的生产要素所生产的产品。

无论是比较优势贸易理论还是要素禀赋论，其本质上都是在论证不同主体能力的不完全相同以及进行分工合作的好处。因此，其不仅仅适用于分析贸易行为，还可以用于分析商业行为和社会活动，大到国家之间、城市之间、行业之间是如此，小到企业之间、商业个体之间也是如此。

基于这个思考，分布式商业模式鼓励在资源共享的基础上开展多方合作，具体的参与方有可能技术相对领先、资本相对领先，或客户资源更丰富、渠道更广，抑或更具备牌照资质优势等。如果根据各自的资源禀赋优势进行分工，并以智能协同的方式组织和连接，而非追求赢者通吃，浪费机会成本，最终就能形成一个可持续发展的分布式商业生态。这其中也契合了比较优势和要素禀赋论的原理。

在无限次重复博弈下，合作更符合长期利益选择

在微观经济学中，博弈论是很好的分析工具，既可以分析纯市场的微观经济行为，也可以应用到国际事务、商业合作等的决策过程之中。有限次的博弈容易走向"囚徒困境"，但在现实的商业环境中，更多的商业合作并不是一次性的买卖，而是更接近于无限次重复博弈。由于惩罚的机会总是存在的，为了长期的利益，

理性的双方将大概率达成合作协议。

集中式商业模式的发展目标往往是挤走竞争对手，获得更大的市场份额，追求赢者通吃，这导致市场格局演变成为除了第一名，其余都是输家。但赢家容易迎来更多的监管关注，遭遇发展瓶颈，遇到大的经济周期或技术周期更迭时难以灵活应对，到最后形成多输局面。

与之不同的是，分布式商业模式反对"赢者通吃"的"零和博弈"，更重视多方合作，做大共同利益的蛋糕，让各方都能获益，最终走向包容普惠和互利共赢。

通过资源协调，创造帕累托效率，实现经济全局的优化

分布式商业模式可以摆脱传统商业模式下各自利益最大化的局部最优，去创造帕累托效率，追求全局优化。在传统商业模式下，供应链的各个环节都在试图利用本环节在整条链中的地位，索取更高的溢价，分得更多的利润，经常出现压榨上游供应商或下游经销商的情况。一个环节达到了局部优化，但全链条却没有局部最优。当信息流从最终客户端向原始供应商端传递时，由于无法有效地实现信息共享，因此信息扭曲而逐级放大，越往上游延伸，需求信息就会出现越来越大的波动。这是经销商与供应商在需求预测修正、订货批量决策、价格波动、短缺博弈、库存责任失衡和应对环境变异等方面博弈的结果，最终增大了供应商的

第二章
抽丝剥茧：解构分布式商业

生产、供应、库存管理和市场营销的不稳定性。

面对这些局部最优的博弈，分布式商业模式倡导开放、透明的思想，各方通过数据的及时分享、决策的及时沟通、生产的及时协同，让整条供应链的各个环节的供求波动得以熨平。建立在智能算法基础上的协同还能极大提高每个环节的分析、预测、决策能力，从而使生产和销售平稳进行，最大化地减少不必要的库存储备，降低运营成本，大幅改善企业的经营性现金流和财务费用支出，增强风险抵御能力，提高利润。

我们通过一个简单的数学模型来说明协调的优势。假设有 n 个企业，第 i 个企业每生产 1 个单位产品的经济增加值是 R_i，但要消耗掉 q_i 个资源，总资源有限，为 T 个单位（例如银行系统给整个产业链提供的信贷总额有限）。在传统商业模型中，每个企业各自决策生产和库存计划，单独获取资源（例如申请银行授信），假设第 i 个企业生产 x_i 个单位产品，那么所有企业的总经济增加值是：

$$P = \sum_{i=1}^{n} x_i R_i$$

那么，在什么情况下，社会的总经济增加值最大？即要解释如下模型：

$$\max P = \sum_{i=1}^{n} R_i x_i$$

$$\text{s.t.} \sum_{i=1}^{n} x_i q_i \leq T$$

这是一个经典的优化算法问题——"背包问题"（knapsack problem），很显然，如果企业各自为政，那么很难让社会集体总产出最优化。该问题通过一套动态规划算法可取得最优解，其核心是必须所有企业根据自己的单位资源消耗量和经济增加值进行综合协调，选择获取合适的资源量，集体的产出才能最大化。但要进行综合协调，在集中式商业模式下不容易做到。占据优势地位的供应链中的核心企业会尽可能通过"早收晚付"，占用尽量多的全链流动资金。但在分布式商业模式下，所有企业通过数据信息进行分享、沟通和价值整合，有望实现全局最优，使整体福利最大化。

通过透明的共识机制和预设规则等，节省经济活动的交易成本

交易成本是指经济活动中为达成交易而支付的成本，如协调费用、搜索费用、谈判费用、监督费用、签约费用等，不含商品和服务本身的价格。在新制度经济学中，交易成本是核心分析单位，组织形式演变的重要驱动力就在于选择交易成本较低的形态。因此，从交易成本视角出发，有助于理解商业模式的经济意义。

首先，分布式商业通过公开透明的共识机制和预设规则尽量减少了机会主义风险。各方遵守预设的规则，还能通过区块链技术的智能合约充分减少逆向选择和道德风险问题，制定合约的成本也将随着智能合约技术的成熟而降低。在未来，越来越多的资产和其他商业活动会被数字化，数字化进程的推进将扩大智能合约的接入范围，由此更利于分布式商业发挥价值。

第二章
抽丝剥茧：解构分布式商业

其次，分布式商业所构建的共享和平等参与机制，有望大幅降低商业活动中的信息验证和谈判成本。在多主体参与的分布式商业模式中，事先在智能合约中规定好交易、审计和平等的分配规则，各方及时共享相关数据，能大幅削减交易活动的审查和验证成本，减少不必要的事前、事后谈判，从而有助于商业网络的扩大。

最后，分布式商业有利于制度的创新演变，提高经济组织的动态效率，发展更有效的经济组织形式。分布式商业有跨越司法管辖区、跨越行业、跨越传统组织的无边界（non-territorial）特性，强调跨界合作。各个成员在遵守透明、平等的预设规则前提下，自愿进出分布式商业网络，在网络中与其他成员智能协同合作，获得收益。例如，具有不同技能、互不相识的成员有可能根据项目，自由地在网络上组成一个短期商业组织，让智能合约规定每个人的权利义务，分配工作量和经济激励，成员们开展合作，如约完成项目后进行检验，取得激励后就地解散，节省了购置资产的成本。这种形式很可能会在软件和互联网项目、咨询项目等不需要重资产设备的专业工作中出现，是一种新型的商业组织形式。

新型的治理机制，为公共选择经济学提供新的试验场

分布式商业构建了一个多方参与的社区，这个社区是在多方共识规则和智能合约的"宪法"约束下的公共社区。在这个社区内，成员按照公开透明的预设规则活动，活动信息被永久可靠地

保存在账本之中，这种声誉效应的存续降低了成员作恶的可能性，由此公平公正、富有效率地为社区运转服务。成员们也有动力集体维护这个社区，因为社区的存续保证了其未来价值增长。社区治理仍有可能依赖于核心成员，由他们说服和启动投票机制来推动社区发展，这样的民主并不完全充分，而且核心成员之间的内部冲突会导致决策的集体停滞，而分布式商业为我们勾勒出了良性、内在激励相容的公共选择过程。随着分布式商业的进一步落地发展，公共选择理论将得到进一步的实证检验和发展，反过来更好地指导分布式商业的社区治理。

事实上，人们在探索"公共池塘资源"（Common Pool Resources，简写为 CPR）的治理时，已经显示出分布式商业的思想雏形。CPR 是很难排除其他潜在者使用的资源，资源单位不可分，资源系统共享，资源可再生。CPR 治理的中心问题是一群相互依赖的委托人如何才能自我组织进行自主治理，从而在搭便车、规避责任等机会主义诱惑下取得 CPR 的共同持久收益。一般来说，CPR 的治理容易陷入各自为政、竞相消耗资源的公地悲剧、囚徒困境。高时间贴现率、缺乏信任与沟通、没有监督和实施机制，非常容易导致这些悲剧，所以良好的制度设计必须考虑到各方占用资源的预期成本、预期收益、内部行为规范和时间贴现率。如何把占用者的独立行动变成协调策略以获得较高收益？在解决这一问题时，并非一定要有一个组织，也可以通过良好的自组织制度设计，形成一个自组织，着力解决好可信承诺问题和相互监督

第二章
抽丝剥茧：解构分布式商业

问题。分布式商业的长处就在于通过透明的智能化的预设规则，实现可信承诺和相互监督。研究者发现，在自组织案例中，分布式的组织体是一个很好的实现机制。在一个多层次、分布式的组织中，对占用、供应、监督、强制执行、冲突解决和治理活动能形成一套行之有效的协调规则，在单一层级、单一中心的组织中建立的规则不会产生完整可存续的制度。

不过，仍值得厘清的是，虽然分布式商业作为一个商业模型的框架，具备了非凡的经济学价值，但在使用之时，并非简单套用就能成为解决一切问题的良方妙药。如需发挥作用，仍需要分布式商业联盟或模式的发起者设定具体的规则、参数、机制、合规要求及条令等，并需与时俱进、与"法"俱进和动态调节。

延伸阅读

帕累托最优[1]

帕累托最优也被称为帕累托效率、帕累托最佳配置，是博弈论中的重要概念，并且在经济学、工程学和社会科学中有着广泛的

---

[1] 高鸿业. 西方经济学（微观部分）[M]. 北京：中国人民大学出版社，2011.

应用。

帕累托最优是指资源分配的一种理想状态，假定固有的一群人和可分配的资源，从一种分配状态到另一种状态的变化中，在没有使任何人的境况变坏的前提下，使得至少一个人变得更好，这就是帕累托改进或帕累托最优化。帕累托最优的状态就是不可能再有更多的帕累托改进的余地。换句话说，帕累托改进是达到帕累托最优的路径和方法。帕累托最优是公平与效率的"理想王国"。

帕累托最优回答的是效率问题。从社会福利角度出发，用效率来评价总体经济运行有其合理性，因为如果资源配置未达到帕累托最优，那么总有一些人能改善境况而没有人会受损。也就是说，社会福利总量肯定能上升，那么通过一种恰当的分配或补偿措施，能使所有人的境况都有所改善。

一般而言，达到帕累托最优时，会同时满足以下3个条件：

- 交换最优：即使再交易，个人也不能从中得到更大的利益。此时对任意两个消费者，任意两种商品的边际替代率是相同的，且两个消费者的效用同时得到最大化。
- 生产最优：这个经济体必须在自己的生产可能性边界上。此时对任意两个生产不同产品的生产者，需要投入的两种生产要素的边际技术替代率是相同的，且两个生产者的产量同时得到最大化。
- 产品混合最优：经济体产出产品的组合必须反映消费者的

第二章
抽丝剥茧：解构分布式商业

偏好。此时任意两种商品之间的边际替代率必须与任何生产者在这两种商品之间的边际产品转换率相同。

分布式商业的初级形态：共享商业与平台商业

在理解分布式商业模式的过程中，可能很容易联想到当下流行的一种商业模式——共享商业（或称共享经济），或是其近似形态——平台商业（或称平台经济）。

近十余年来，随着主要发达国家逐渐步入老龄化社会，消费需求下降，供给侧的闲置资源增加，又受益于移动互联网的普及，以优步（Uber）、爱彼迎（Airbnb）为代表的共享商业模式逐渐崭露头角。共享商业的本质是整合线下的闲散物品或服务者，让他们以较低的价格提供产品或服务。对于供给方而言，通过在特定时间内让渡物品的使用权或提供服务，可获得一定的金钱回报；对需求方而言，可以不直接拥有物品的所有权，而能通过租、借等共享的方式使用物品。共享商业使社会闲散资源得到充分利用，有助于实现整个社会效益的最大化。

总体来看，共享商业或平台商业的大部分特性与分布式商业非常相似，因此可以被认为是分布式商业的雏形。不妨以共享出行应用为例。

分布式商业

第一，共享出行应用同样涉及多方参与，部分角色也实现了松散耦合关系。包括平台公司、劳务公司、汽车租赁公司、汽车制造商、个人司机等在内的多个服务提供方进行分工合作，各方话语权虽然不同，但都代表了独立的经济主体，司机与共享出行平台也在一定程度上实现了松散耦合关系。

第二，共享出行应用实现了资源的共享，尤其是闲置资源的共享和利用。过去，乘客与司机存在信息不对称的问题，乘客可以搭乘的车辆限于路过自身位置的空出租车，而司机只能接视野范围内的乘客，因而产生出租车资源在低峰时段和偏远地段闲置而在高峰时段和繁华地段运力不足的难题。共享出行应用通过整合信息、精确定位车辆和乘客，从而实现智能化调度，有效解决了信息不对称难题。其中，出租车公司、私家车主、汽车租赁公司等共享了出租车或私家车资源，劳务公司共享了司机资源，平台则共享了信息资源。参与各方都贡献了生产要素，亦能获得相应报酬，而将这些海量、分散、闲置的资源通过互联网整合起来，让其发挥最大效用，就可以满足用户日益增长的多样化出行打车需求。

第三，共享出行应用在一定程度上也实现了智能协同。例如，采用移动互联网技术提高了服务交互体验；通过车联网、大数据、LBS等技术让资源的供给者和需求者实现了智能化的快速匹配；通过司机人脸识别、智能语音质检等技术，高效且准确地满足了出行的安全需求。

第二章
抽丝剥茧：解构分布式商业

第四，共享出行应用也部分引入了激励相容机制。一方面，机构合作方之间通过将车辆的所有权与使用权分离，采用以租代买、以租代售、租赁期满回购等方式让渡产品或服务的部分使用权，盘活了车辆资产的流转，相应的分润机制也能满足各方利益。另一方面，司机与乘客之间也有互相评分的机制，这些机制的背后隐含了一定的奖励和惩罚措施，例如在同一个区域里，系统将优先派单给星级高的司机，而每天接单的数量与收入挂钩；同样地，同区域内星级高的乘客会比星级低的乘客优先叫到车。

第五，共享出行应用也部分达到了模式透明的要求。如车辆上可以通过人脸识别技术认证司机，乘客可全程录音录像以便追溯权责，价格与车行路线如果偏离系统测算的范围较大，乘客也将及时获得提示等。这些技术手段可以让整个商业模式更加透明，且用户可以在各类渠道投诉，往往也能够得到及时、公开、透明的反馈。

第六，有部分共享出行应用上线了"粤港车"业务，实现了跨境层面的业务突破。

如果共享出行应用需要进一步向分布式商业的完整形态发展，一方面，需要引入更多的参与方，尤其是实现在更多出行平台之间构建合作，以减弱对单一出行平台的依赖，进而达到更高的松散耦合要求，另一方面，虽然在司机的终端服务方面实现了一定程度的自下而上的自觉管理，但整个商业模式的决策权（如定价、接单、分成等规则）仍是自上而下的形式，未来或需通过一些预设的规则和机制实现自下而上的管理。

因此,通过将分布式商业和共享商业在各个维度上进行对比,不难发现两者具有较多的相似之处。相信未来随着分布式商业理念的普及,更多的共享商业应用也将实现向分布式商业完整形态的转变和升华。

我们在商业的发展趋势和经济活动现象中,观察并归纳出了分布式商业模式表现出来的八大典型特征,或可称之为分布式商业之"形",而这八大特征也将为其他商业模式的转型和进化提供指引与参考。更进一步地说,分布式商业作为一种经济活动,其内在本质由多个核心生产要素组成,或可称之为分布式商业之"神",以下我们将追本溯源,透析分布式商业的内在核心要素。

第三章

聚沙成塔：分布式商业的七大核心要素

商业模式是生产要素的有机组合

任何一种商业模式的实质都有其经济学模型的支撑,反映经济运行中生产要素的组合方式。一个新的商业模式必然是在原模式中引入新的生产要素,或者用新的生产关系来组织这些要素。所以,为了更好地理解分布式商业模式,应深入其背后,理解其生产要素,以及这些生产要素是如何"分布式"地组织成一个整体的。

经济学中的生产要素是能用于生产产品和服务的投入和资源,各种生产要素投入的组合配比决定了产出量,这个投入产出关系就被称为"生产函数"。亚当·斯密、大卫·李嘉图创立古典经济学时,人类尚处于农业经济到工业经济转型的早期,关注实体性质的投入资源,分为土地或自然资源、劳动力、资本存量三者。前两者比较好理解,资本存量是指生产过程中所需的人造物品,包括机床、工具、建筑等固定资本,以及现金、原料等流动资本。英国古典政治经济学家威廉·配第(William Petty)曾说过一句经典的名言:"劳动是财富之父,土地是财富之母。"这句话生动地反映了土地和劳动在农业经济时代的重要地位。

19世纪70年代,新古典主义经济学产生于工业革命成熟期,学者们进一步将资本区分为固定资本、营运资本、金融资本三类,其中金融资本是指通俗意义上的现金及其等价物。新古典主义经济学的一个重要发现是,技术进步也是一个新生产要素。经济学家们认识到,资本和劳动并不能完全解释经济增长。诺贝尔经济学奖获得者罗伯特·索洛(Robert Solow)在1957年提出"全要素生产率"(Total Factor Productivity,简写为TFP),[1] 即按生产函数计算所得的产出增长率减去资本、劳动、土地和资源要素的增长率后所获得的残差,这个残差就是著名的"索洛残差"(Solow Residue)。这个残差反映的就是技术进步对经济增长的贡献。技术作为一个关键生产要素,对人类社会的长期经济增长贡献巨大。英国著名人口学家托马斯·罗伯特·马尔萨斯(Thomas Robert Malthus)提出"马尔萨斯陷阱"[2](见图3-1):由于社会生产力低下,按几何级数增长的人口数量远远超过按算术级数增长的粮食产量,因此社会无法负担过剩人口的生存所需。而技术的发展能大大加速生存资料的产生,从而支撑起更大的人口数量,使社会的人口增长跳出低水平循环的马尔萨斯陷阱。

---

[1] Solow, Robert (1957). "Technical change and the aggregate production function". Review of Economics and Statistics. 39 (3): 312–320.

[2] Rosen, William (2010). The Most Powerful Idea in the World. New York: Random House.

第三章
聚沙成塔：分布式商业的七大核心要素

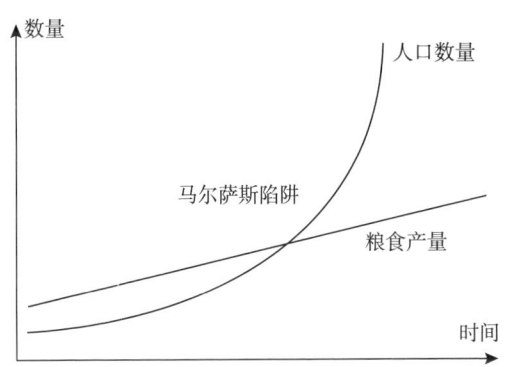

图3-1 马尔萨斯陷阱——指数增长的人口与线性增长的粮食
资料来源：马尔萨斯所著的《人口原理》。

除了技术进步，管理是另一个非常重要的生产要素。这要从"企业家精神"谈起。不少经济学家还将企业家精神作为另一个生产要素，它是"冒着风险开发、组织、管理一个商业实体以产生利润的能力和意愿"。伟大的奥地利经济学家约瑟夫·熊彼特（Joseph Schumpeter）定义了"创新"，并将企业家描述为经济体中扮演"创造性破坏"的人，通过不断的创新打破社会经济中原有的均衡，造成社会经济中不停的"动态非均衡"，[1] 在均衡的破坏和重建中前进。

企业家精神之所以重要，是因为只有优秀的企业家精神才能将资源、资本、劳动、技术等要素组合起来产生利润，其底层的

---

[1] Schumpeter, Joseph A. (1994) [1942]. Capitalism, Socialism and Democracy. London: Routledge.

一个核心连接机制是企业家建构起来的组织、表现出来的管理能力。当社会生产通过组织管理来协调以实现更低成本、更高利润、更大生产率时,市场机制的协调意义就大大减少,基于市场的零散个体户就会被多生产单元的现代工商企业所取代。现代企业就将大批量生产和销售整合,用管理手段协调货物从供应商到达最终消费者。[1] 企业的竞争力取决于学习、组织和管理能力,组织管理能力差异决定了企业和国家的增长潜力。[2] 所以,与其说企业家精神是另一个重要的生产要素,不如将其归结为底层的管理要素。

技术和管理都体现在生产过程中,如果将生产过程泛化到更一般的生产生活的各个环节,技术和管理都是知识的特例。知识经济、知识社会已经成为一个重要名词。著名管理学大师彼得·德鲁克(Peter Drucker)认为,未来社会将越来越成为一个知识社会。知识的管理和创造是新的组织形式、生产力形式,知识工作者将是社会的主导力量。[3] 许多职业都属于知识高度密集型行业,依赖个人知识完成工作,比如管理咨询师、会计师、心理咨询师,以及"知识付费"行业的"得到""分答""在行"等应用程序,

---

[1] Chandler, A. D. (1977). The Visible Hand: The Managerial Revolution in American Business. Cambridge, MA: Harvard University Press.

[2] A. D. 钱德勒. 大企业和国民财富 [M]. 柳卸林,等,译. 北京:北京大学出版社,2004.

[3] 彼得·德鲁克. 后资本主义社会 [M]. 傅振焜,译. 北京:东方出版社,2009.

第三章
聚沙成塔：分布式商业的七大核心要素

都是为客户提供各种各样的知识服务以创造价值。站在经济学理论高度，诺贝尔经济学奖得主保罗·罗默（Paul Romer）进一步发展了索洛的理论，提出内生经济增长模型，他认为知识和技术研发是经济增长的源泉，而且不同于索洛假定技术是外生给定的，罗默认为技术是内生的，是来自人们的知识，强调以创意或知识为基础来理解经济增长和发展的机制。因此，知识也是很重要的一个生产要素。

进入信息经济时代，驱动经济发展的数字化信息出现，数据信息成为新的生产要素。农业社会的核心生产力是牲畜和农业工具，工业社会的核心生产力是机械和电力系统，信息社会的生产力则是数据。第一，数据成为企业生产的重要资料，对数据信息进行加工，能够挖掘出潜在的商业价值，"互联网+"的本质就是分散信息高度集中之后的新商业模式。第二，企业利用数据信息串联起生产的各个环节，基于获得的信息优化生产经营决策，如现在热门的"工业4.0"就是基于生产设备的数字化、网络化来优化组织生产。第三，数据信息也成为重要的消费商品，信息产品、信息服务都能成为人们消费的对象，包括语音通信、信息内容、软件等多种形态，形成了新的信息消费形态。

综上所述，劳动、土地和自然资源、资本、技术、组织管理、知识、数据信息是经济发展的7个主要生产要素。现代市场经济正是将这7个要素有机组合，生产产品和服务，进行分配，造就了多样化的商业模式。

分布式商业

在主流的集中式商业模式中,每个企业依靠自身所拥有的生产要素进行竞争,竞争结果和收益分配方式在很大程度上取决于所拥有的生产要素多寡和运用生产要素的方式。与集中式商业模式相比,分布式商业模式倡导各个企业分享各自所拥有的资源要素,社会就可以将各个企业的生产要素有机整合在一起,让最具有比较优势的企业在社会生产中投入所长,获得分配,在协作和整合中实现集体价值最大化。

分布式商业的本质优势根源于国际贸易中的比较优势理论。在国际贸易中,在某一个产品的生产上具有比较优势的国家专注于生产该产品,通过贸易进行交换,能让各国的福利总和最大化。分布式商业同样如此,让具有比较优势的商业联盟参与者专注于提供相关生产要素,整个联盟就可以提供比集中式商业模式更优质的整体产出。

分布式商业作为一种新型的生产关系,重新组合了这7个生产要素在商业利益相关者之间的分布,使之以相异于集中式商业模式的形态发生化学反应。在集中式商业模式为主流的今天,很难有一个成熟的商业模式同时在多个生产要素上呈现分布式特征。商业模式是按照一个个要素的分享、协作与整合,从完全集中式逐渐过渡到完全分布式。只要一个商业模式在其拥有的两个以上的生产要素上呈现出分布式特征,它就可被视为分布式商业模式。下文将分别展示各个生产要素上可能出现的分布式形态。

第三章
聚沙成塔：分布式商业的七大核心要素

分布式的劳动要素：分工协作推动人类社会前进

在动物世界中，一些物种一直以高度分工、协同合作的方式提高对环境的适应能力，比如蜜蜂。它们以蜂巢为核心，分工严格，蜂王负责产卵生育，雄蜂与蜂王配种，工蜂则专司防御和觅食。专业化程度越高的动物分工越细致，对当下环境的适应能力越强，这种精细的分工有助于持续提高繁殖力和整体的生存能力。

人类社会也是如此，一支小小的铅笔也凝聚了无数人劳动合作的心血。需要伐木工获取原材料，需要运输工运送材料，需要金属冶炼和制造工人提供工具，工人们开展生产也需要吃饭，而食材同样需要制作运输……就这样，一支铅笔拖起了长长的产业链条。

事实上，作为社会最重要的经济资源和生产要素，劳动关系随着人类生活的变迁也在不断发生着变化，从完全分散、没有组织的自给自足，到集中式的合作关系，再到未来的平等协作的关系。我们可以发现，有序的、分布式的劳动合作是社会前进的基本规律和根本动力。

在原始社会，人类四处流浪，以狩猎采集为生。进入农耕社会后，人类定居下来，从食物的采集者变成了食物的生产者，形成了男耕女织、自给自足的小农经济，人们分散在各个地方，没有组织，也没有社会分工。以蒸汽机的发明应用为标志的工业革命发生后，农民失去土地，手工劳动被机器生产所挤压，手工工场和小家庭作坊被大工厂所扫荡，工业革命促进了劳动力向城镇转移，劳动关系在企业协调下开始出现了集中式的分工。电子信息技术推动第三次科技革命发生后，信息时代的互联网技术诞生了更多组织类型和形态，比如社区和社群，劳动关系不只局限于雇用和被雇用的上下级关系，社区成员产生了平等协作的关系。由此可见，从原始狩猎采集时代到农耕社会，再到工业革命、科技革命的发生，劳动关系从分散式走向集中式分工，又从集中式分工逐渐呈现有序协同、平等合作的趋势。

是不是高度分工的协同劳动最能提高生产效益呢？自分工出现后，关于劳动分工的争论就没有停止过。因为事实上，分工过细，一个人每天重复某项劳动，一方面会使当事人只关注局部，缺乏全局视角，另一方面则会因重复劳动而使学习能力退化，跟不上环境的变化。对于整个组织而言，也会造成越来越高的管理成本，以及因碎片化的生产方式造成沟通成本上涨。

但经济学之父亚当·斯密在《国富论》的开篇就提出了劳动分工的重要性，他认为社会分工促进了劳动生产力的巨大发展，有助于人们在劳动环节上形成熟练的技巧，大幅提高生产效率：一是每个特殊工人技巧的增进，能提高产量和质量；二是节约了在不同工作环节之间转换劳动的时间；三是由于对工序的了解和熟练度的增加，更有效率的机械和工具被发明出来，大大地节省了劳动力，提高了生产效率。

第三章
聚沙成塔：分布式商业的七大核心要素

在《国富论》中，亚当·斯密也提到了关于人们天赋资质的差异："人人都一定能够把自己消费不了的自己劳动的剩余生产物部分，换得自己所要的别人所产的剩余生产物，这样能激励大家各自委身于一种特定业务，使他们在各自的业务上发挥完成各自天赋的资质才能。"类似地，大卫·李嘉图的比较优势理论拓展了劳动分工理论，创造性地提出每个国家都有其"比较优势"的产品，应当生产这种产品。赫克歇尔和俄林进一步发展了比较优势理论，揭示了资源禀赋的差异是各国具有不同比较优势，从而基于比较优势发生国际贸易的主要原因之一。这种国家间贸易本质上也是分布式劳动分工的结果。

所以，劳动分工从"各尽所能，各取所需"，变成在比较优势的情况下，选择生产"比较优势"的产品以换取"比较劣势"的产品，劳动分工逐渐走向基于差异的协同化，而且从小规模协同化走向社会大众的协同化。

UGC 营销

在过去，营销和广告文案设计行业都离不开高级的文案写手和营销策划，需要这些人的个人智慧来产生新的营销方案、广告文案等。随着移动互联网的发展，人们意识到，碎片化的互联网语境成就了自媒体，造就了用户更为个性的价值观和更强的自主意识。有些用户天生就是段子手或营销达人，也有些用户拥有丰富的人生阅历，能对产品、品牌提出独特见解。而且，用户已经不满足于简单获取信息、被动接受品牌宣传，而是渴望从旁观者转变为参与者，情绪表达的意愿也越来越强烈。因此，用户产生内容（User Generated Content，简写为 UGC）成了品牌用来赢取消费者信任的一大法宝，这其实是利用了无处不在、广泛分布的用户智慧，完成分布式劳动的经典场景。

网易云音乐以歌曲的留言和乐评作为 UGC 平台的基础，一步一步把自己的 App 塑造成情感社群。每个听众在听到一首歌之后，往往会想起自己过往的感情故事或正在经历的纠结痛苦，这时候就会情不自禁地留言。由于这是出于自己的切身经历，留言往往真挚动人，会感染其他听众，听众们又会对此留言点赞、评论。这样，每首歌下面就记录了粉丝的大量故事。很多人打开网易云音乐 App，甚至不是为了听歌，而是为了看评论。网易云音乐的留言库成了粉丝们的故事库、情感库，让这个情感社群凝聚了起来。网易云音乐还将经典留言筛选出来，与其他品牌方开展合作，比如杭州地铁等，在以年轻人居多的场景里进行联合营销，主动出击，形成情绪渲染式的营销，极强地塑造了网易云音乐的品牌。

众包模式

众包（crowdsourcing）是混合"大众"（crowd）和"外包"（outsourcing）词义而产生的混成词，指的是组织将工作任务分配

第三章
聚沙成塔：分布式商业的七大核心要素

给一定数量的大众志愿者来完成的做法，可以向志愿者支付必要的报酬。众包的发包方可以是自然人或法人，接包方是大众，其中连接发包方与接包方的组织，可以是网站或者是众包公司。

这里要区分众包和开源、外包的概念。开源是一种通过公众的合作性行为活动，开源参与者利用自身的技术能力参与项目的完善、扩展或推广，为自己和社会提供可资利用的免费的软件资源；而众包一般是由某个企业或个体提出，众包参与者为项目付出自己的劳动，从而从项目中直接或间接受益，包括物质收益或名誉收益。外包的群体一般是指派的、特定的、较为固定的群体，而众包的对象可以是一群没有被特别定义的群体。

众包是一种以分布式思维解决问题的劳动生产模式。传统组织的思想、能力来自本机构的员工，但这样的弊端在于思想封闭保守，能力和时间有限。众包的优势是打破时间和能力的有限边界，提供更发散、更创新的思考想法，充分利用志愿者大军的技能和汇总的业余时间来完成庞大的工作量。众包是一种全新的劳动力组织方式，在重人力资本、重脑力劳动的软件业、服务业尤其适用。从本质看，众包改变了新项目在知识信息搜寻上的传统模式，迅速集聚了广泛分布的知识智慧，将搜寻过程从远程变成了本地搜寻，提高了解决问题的效率和效果。[1]

---

[1] Afuah, Allan and Christopher L. Tucci. 2012. "Crowdsourcing as a Solution to Distant Search." Academy of Management Review 37 (3): 355–75.

分布式商业

由于互联网易于信息传播的特性，每个网民既是信息的发送者，也是信息的接收者。维基百科就是群体创作的很好典范，作为一家非营利组织，聚集了来自世界各地民众的力量为平台提供相对应的内容，是互联网时代下新型众包式知识生产的体现。从劳动分工的角度来看，维基百科这种模式不断培养了不同地方、不同背景的人群去自愿、自觉贡献自己的内容价值，从而又使广泛人类群体受益，这种具有"情怀"的分布式劳动分工证明了群体的智慧。有研究表明，光荣和尊重也是驱动众包平台参与人员的重要内在激励因素。[1] 即使是走盈利道路，在众包模式下，项目价值的分配也从传统的中心化走向了分布式，不再是公司向客户收费这样的单线模式，而是变成公司和用户共享。[2]

目前，已有很多企业拥抱众包革命。比如亚马逊的众包服务平台"土耳其机器人"（Mechanical Turk），集合了需要发出众包的企业用户和接受众包工作的个人用户，前者的发包价格仅仅是以数美分起价。著名的玩具公司乐高和家具公司宜家一直都将用户参与公司设计任务作为特色经营方式，通过例如"天才设计"等大赛吸引顾客参加玩具积木块造型设计、多媒体家居设计等，

---

[1] Mark Boons, Daan Stam, Harry G Barkema. Feelings of Pride and Respect as Drivers of Ongoing Member Activity on Crowdsourcing Platforms. Journal of Management Studies. 2015, 52 (6): 717-741.

[2] Kohler, Thomas. 2015. "Crowdsourcing-Based Business Models: How to Create and Capture Value." California Management Review 57 (4): 63-85.

第三章
聚沙成塔：分布式商业的七大核心要素

给优胜者支付奖金，然后将其作品投入市场。我们可以想象，在未来，越来越多的任务都有可能通过众包来完成。

共享员工

2020年的新冠肺炎疫情让不少线下服务行业如餐饮、KTV、美容理发等遭受了巨大打击，失去了大量客流。为了解决这些企业及其员工的生存问题，劳动力严重不足的盒马鲜生一度将西贝、云海肴等餐饮企业闲置的部分员工"借调"到自己的各地门店协助工作，在国内开创了企业主动"共享员工"的先例。随后，苏宁、京东、沃尔玛等一系列电商企业也纷纷仿效，共享员工风靡一时。

尽管共享员工在法律上还存在着一定的空白和争议，比如薪资福利、考核、劳动关系保障、人身和社会保险等，但它作为一种进步的现象，目前受到了供需双方企业和员工的一致欢迎，从本质上体现了分布式劳动的思想。

共享员工的本质是"零工经济"，是员工利用闲置时间实现与需求方的自由匹配，只不过在疫情期，"共享员工"的发起和主导者是企业供需双方，而非员工个人。从整个社会的宏观视角观察，相比于传统的、集中的劳动雇佣关系，共享员工模式可以让员工的时间灵活分布在社会的各个企业之中，让劳动力不再被拘束在一个传统企业之中，如此员工便有了更强的弹性，可以增加收入、发现潜力、寻找机会，既不必困在一个企业之中慢慢上升，也免于在市场冲击下被裁员后苦于生计。而且，预计未来随着人类寿命增长和体能延迟衰退，人们60岁以后可能将要迎来新的职业生涯，用前半生职业生涯积累的资深专业技能来实现时间安排更自由灵活、财务更健康有保障的老年生活。所以，共享员工或者零工经济的本质是实现了劳动力在时间、空间上的自由分布。

共享员工最初是在劳动力密集型行业，例如酒店、餐饮和零售行业，这些服务行业主要以劳动时间为共享资源。事实上，以知识技能为共享资源的知识咨询行业也成了共享员工的重要方向。猪八戒网、在行、抖音等互联网平台都已成为专家在业余时间向社会贡献自己知识的重要渠道。

分布式的资本要素：信息丰富塑造多元平等的资本市场

在生产过程中，资本特指资本货物（机器设备、厂房建筑物和原材料等）和金融资产（股票、债券和借款等）。本书所指的资本，是根据企业会计学理论，指所有者投入生产经营的能产生效益的资金，是企业经营活动的生命线。通过盈利赚取更多资本，是企业创设的基本目标。企业创建初期需要具备必要的资本条件，企业生存需要保持一定的资本规模，而企业壮大需要不断

第三章
聚沙成塔：分布式商业的七大核心要素

地筹集资本。

资金的流动是一个高度依赖信息的过程，谁掌握了更多的资金供需信息，谁拥有更多高质量的市场信息和信用信息，谁就是更有效率的资金集合和配置者。在过去，由于这些信息很难被社会大众和大量市场机构掌握，所以传统的资本筹集方式趋向于中心化，由具备相关能力的机构来撮合。中心化的问题有两个。

第一，资本来自集聚了社会资金的若干个持有政府监管机构批准的牌照的中心化的机构，由它们作为信用中介、风险中介，将社会各界资金再分发出去。一个典型的例子是商业银行，银行吸收公众存款，再按照自身的风险喜好和风险策略贷给借款人，银行是资金中转的枢纽环节；再比如保险公司，吸收公众保费，赔偿给遭受风险事件的少数人。中心化机构固然有控制市场风险和信用风险、收集资金需求、高效配置资金的优点，但是集聚和分发资金可能会使它们按照自身利益最大化分配资金，而疏于考虑公共利益的最大化。比如，我们经常看到小微企业相比于大企业可能更难以从银行获得贷款。

第二，中小金融机构获客和资金运用渠道不够通畅，从而难以与大型金融机构展开有效竞争。

这些问题呼唤市场产生新的资金筹集和分配模式。

在现代社会，互联网使得信息的分布性、流动性大大增强，社会呈现信息过量、知识爆炸的状态，一个普通人都有可能获取最新的市场信息，通过财务报表等方式全面了解一个公司的状况。

因此，与中心化方式不同，分布式的资本要素意味着在资金来源上实现了多元化的供给体系，持牌金融机构、非持牌金融企业、工商企业和社会组织、个人等都有可能以合法合理的方式向社会分发资金。整个社会的分布式资金筹集和分发体现了多中心、多层次的特点，像一块疏松多孔的海绵，全身都可以吸水和排水，资金流动畅通高效，在获客和资金分配渠道上实现了各类中小金融机构的机会平等化。当代社会，众筹、联合贷款和公益捐赠都在一定程度上体现了分布式的性质。

产品众筹融资

众筹融资是指在互联网平台上从大量的个人或组织处筹集资金的活动。它的门槛很低，通常参与的个人或组织只需付出少量资金。不过，由于人数众多且各自有不同能力，众筹者能集聚大量资本以及多样化的创意用于实现项目。这种模式产生的逻辑是一些很有创意的项目因为营利性质不明显、发起人没有可靠业绩等缘故，很难从传统金融机构获得启动资金，就只能通过网络向愿意提供支持的个人或其他机构募集资金。用户向有创意的产品设计者提供开发和制造的早期资金，帮助他们做出产品后，优先获得产品供给或使用权。

产品众筹起源于美国，在全球范围内快速发展。据统计，2018年全球众筹市场总资金规模达到了102亿美元，2025年预计达到288

第三章
聚沙成塔：分布式商业的七大核心要素

亿美元，年均复合增长率为 16%。① 全球知名的互联网众筹平台有 KickStarter、Indiegogo、GoFundMe、AngelList、CrowdCube 等。

互联网上的公益捐赠

在公益事业方面，资本的流动也呈现出从中心化、封闭式走向分布式流动的趋势。传统公益组织的资金往往来源于灾难后大型企业"任务式"的捐赠，捐赠完毕后，没有专门的部门深入了解资金使用情况，信息传播不透明，导致资金去向不透明，甚至出现贪污腐败等问题。事实上，有很多处在绝对贫困状态中的人，每天都在食品、药品、住房和教育之中做着艰难的选择，迫切希望得到外界的帮助；而很多捐赠者和捐赠企业空有社会责任感和善心，却找不到好项目，不知道该捐给谁。而且，许多社会福利公益机构要筹集善款，也面临着传播难和品牌形象树立困难的问题。②

在西方国家，以基金会这种方式开展公益事业的发展已进入了成熟期，美国基金会在 20 世纪开始蓬勃发展，90% 以上为个人或家族基金会，例如知名的卡内基基金会、洛克菲勒基金会、福

---

① 资料来源：https://www.marketresearch.com/QYResearch-Group-v3531/Global-Crowd-funding-Size-Status-Forecast-12411297/.
② 新华网. 互联网为传统公益事业"赋能". http://www.xinhuanet.com//gongyi/2016-12/02/c_129387789.htm.

特基金会、比尔及梅琳达·盖茨基金会等。国内企业也纷纷仿效，通过设立基金会履行企业社会责任。

随着互联网的发展，移动互联网强连接、低成本、长尾化的特性让公益行业出现了分布式的现象，让资本流动变得更为快捷。以网络众筹方式进行捐赠变得越来越普遍。据统计，2017年全球有55亿美元的公益捐赠是通过众筹达成的。[①] 在国内，以腾讯公益平台为例，其搭建了网络捐款平台，公益组织也可以"低成本，高效率"地通过互联网发布项目相关情况，更好地连接资金需求方与提供方，充分借用社交网络的强大功能，在短时间内汇集大众力量行善。

在捐赠过程中，公众作为资金方也希望了解更详细的情况，如善款的去向，对透明度要求变高。随着区块链技术的应用越来越广，现在已经有很多区块链技术与公益项目结合的落地场景。区块链具有分布式、公开透明、信息可追溯、通过智能合约自动执行等四大优势，[②] 依托区块链技术，公益项目的相关信息都分布在网络各个节点上，避免了中心化组织暗箱操作，相关人可以对每笔交易进行查询和追溯，信息公开透明、不可篡改，并且通过使用智能合约解决了传统公益项目中流程复杂等问题。区块链技术让公益项目的资本流动变得更为公开透明。

---

① 资料来源：Statista. https://www.statista.com/topics/1283/crowdfunding/.
② 资料来源：https://cloud.tencent.com/developer/news/306849.

第三章
聚沙成塔：分布式商业的七大核心要素

联合贷款

过去，普惠群体的贷款本金小、风险高、利润薄，金融机构在难以有效降低风险的情况下，只能提高风险定价，从而导致了融资难和融资贵问题。而在联合贷款模式下，各家金融机构可以贡献所长，从营销、风控、吸储、运营等角度发挥各自强项，做好获客、风控、提供资金、贷款管理等各个环节，从而压低综合成本，获得普惠金融的发展空间。

按银保监会在2020年5月下发的《商业银行互联网贷款管理暂行办法（征求意见稿）》中的定义，联合贷款是指商业银行与具有贷款资质的机构按约定比例出资共同发放的贷款。在联合贷款里，通常由一家机构负责整体的贷款流程，包括营销、审核、放贷、管理运营、回收和催收，其他机构按照"信息共享、独立审批、自主决策、风险自担"的基本监管原则承担独立的审批决策和风控职能。每个机构都需要跟借款人签署独立合同。

通过联合贷款模式，中小银行、地方银行就有机会在一个大市场中获得客户。每个伙伴提供自己的独特优势，有的擅长科技能力，有的擅长风险控制能力，有的擅长本地业务拓展和贷后管理。多方在既定规则下共同享有收益。同时，这种模式减轻了单家机构的风险，实现了风险分摊，促进了金融稳定。

分布式的土地和空间要素：信息技术跨越物理障碍

土地是短时期内不可再生的资源，土地的垄断集中在历史上就是诱发社会不稳定的一个重要因素。当土地及附着其上的物理空间被集中式垄断时，由于资源不可移动、分割使用不便利、信息供给不足，经常出现供需不匹配、空间资源闲置浪费的状况。

随着信息技术的高速发展，传统上天然集中的土地和空间要素也具有了分布式的可能性。这包含着两层意义。第一，供需信息充分之后，土地及附着其上的物理空间要素由不同的主体，按照一定的规则，建立弱中心化分配关系，根据新的分配关系进行划分，让土地和物理空间资源得到合理充分的使用，减少浪费，需求得到及时满足，达到资源融合协作、提高效率、优化性能等多重效果。第二，固定的、单一的物理空间不再是人们生活、劳动、合作的必要载体，人们完全可以在一个移动的、变化的、差异性的空间内生活工作，实现了超脱于物理约束的自由，带来了高效率和新方式。

当依托分布式的土地和空间作为媒介时，资本、信息、劳动、组织等要素也都拥有了更多的可能性，同样地，以上要素的分布式也都或多或少离不开空间的分布式。来自不同地域、素不相识

第三章
聚沙成塔：分布式商业的七大核心要素

的人基于信任进行资金筹集时，形成了互联网众筹；信息来源不再受限于空间与单一主体，诞生了"无所不知"的大数据技术；来自世界各地的程序员为同一项目贡献代码，有偿的众包或无偿的开源组织，解决了成千上万的超级难题。当分布式已成趋势，无论是空间本身，还是其他要素与空间结合，相信都能为未来带来更多可能性。

共享住宿

传统的酒店、旅馆都由独立的集团、个体运营，从用户的预订、售后到酒店的管理、服务等，都由酒店的运营者完成，是一种强中心化的运营模式。这种运营模式要求运营主体拥有强大的资本储备与管理能力。

共享住宿平台如爱彼迎、小猪短租和沙发客（Couchsurfing）的出现，降低了进入旅游市场的门槛，普通个人也可将自己闲置的房间挂到网上，旅客的选择从千篇一律的酒店拓展到各种各样的民宿、公寓、旅舍，这也意味着拥有更加贴近当地生活的旅行体验。同时，所有的房主都将可能成为别人的租客，而租客在其常住地或许也是位房主。

住宿空间的供给和需求双方形成了多样化、自主性的分布。而且，依赖空间共享分布而诞生的社交关系，或许比空间共享本身更具有可挖掘的价值。沙发客并不需要付费，完全是房东自愿让旅客借宿。没有了金钱交易，双方纯粹基于互相信任和欣赏，这样就有利于建立起纯粹的社交关系。

联合办公

欧美国家十分流行的联合办公就是分布式土地和空间的体现。在大城市中，传统的办公室模式是一家公司租赁或购买一栋楼的整层甚至一栋楼作为办公空间，随之而来的是高昂的租金成本或重资产持有成本。而且，员工从城市四面八方来到一个集中地点办公，也产生高昂的通勤成本。

联合办公是一种为降低办公室租赁成本和员工通勤成本而进行共享办公空间的办公模式，来自不同公司的个人在联合办公空间中一起工作，彼此独立完成各自项目。办公者可与其他团队分享信息、知识、技能、想法，拓宽社交圈子等，在空间分布的同时互通资源，形成社群联盟。而且，由于联合办公空间在城市内部的分布较多，这就可能大幅降低员工从各个地方汇聚到城市一个地点办公的通勤成本。

联合办公形态出现初期，进驻的往往是初创企业员工和自由职业者，因其成本低、租金少，且能够以空间的共享作为媒介与其他公司进行资源的交换，深受中小企业的欢迎。随着时间推移，该形态演变至今，也不乏知名的大公司选择联合办公空间作为办公场所，如微软、Salesforce、汇丰银行等在美国都逐渐选择

第三章
聚沙成塔：分布式商业的七大核心要素

进驻联合办公空间①。目前，联合办公已经成为商业地产的一个重要新形态，还发展出了众创空间、创客咖啡、加速器、孵化器等形态。

远程办公

远程办公是指一个组织的员工四散在各个地方，通过电话和互联网一起工作。这既可能是员工在家工作，也可能是全球不同时区的同事因为地理限制等客观原因不得不线上协同办公，还有可能是某些工种完全可以在线上完成。目前，远程办公越来越成为一个潮流，其原因有多个方面。

第一，互联网、云计算、视频和语音通信等技术的成熟使得远程办公成为可能。远程办公对基础设施有着很高要求，需要员工利用网络或电话，通过语音会议或视频会议讨论问题，并将工作的阶段性成果共享给大家，实时讨论修改等，这些巨大的协作需求离不开云端办公软件的支持。目前，Github、Gitee、Slack、Zoom、企业微信、钉钉等各种适合于远程协作的工具已经成熟。

第二，工作的性质越来越走向"知识工作"，比如在线客服、咨询师、设计师、软件开发人员等，员工利用自己的头脑，在计算机和网络上就能完成大部分工作。未来工作的关键是工作的内

---

① 36氪. 联合办公空间研究报告，2017.

容而不是地点。在互联网加持下，几乎任何地方都能成为工作场所，现代化员工可以自由地在最适合自己工作的地方贡献最大的价值。

第三，远程办公能大大降低公司的运营成本。由于大城市写字楼租金越来越高昂，公司租金成本太高；大城市房价高，员工不得不远离市中心，搬到近郊居住，如此一来，通勤成本随之升高，公司的交通补贴也是一笔大支出。远程办公能解决这两大问题。

第四，远程办公有助于公司吸引全国乃至全球的员工，节省了员工的搬家成本及公司的补偿金，让公司能吸引更大地域范围内的人才。

远程办公已经成为潮流，在实践中不仅被证明可行，而且能显著提高员工的工作效率。美国著名招聘网站Flexjobs会发布"最佳远程办公公司TOP100"榜单，来展示优秀的远程办公公司。中国的在线青少儿英语教育公司VIPKID就曾经在2017年榜单中超越亚马逊、戴尔等公司，高居首位。VIPKID拥有超过3万名北美外教为中国的小朋友提供在线英语教育服务。[1]

---

[1] 资料来源：http://www.sohu.com/a/217421949_100063409.

第三章
聚沙成塔：分布式商业的七大核心要素

延伸阅读

远程办公案例 Automattic[①]

美国一家以远程办公闻名的创业公司 Automattic，旗下拥有 WordPress、Tumblr 等知名博客网站。该公司的 1100 名员工分布在全世界 75 个国家，没有一个固定的办公室。公司创始人马特·马伦韦格（Matt Mullenweg）在博客中介绍了公司的运作模式。

第一，完善远程办公环境和设备，打好基础。公司每月为员工提供 250 美元的办公津贴，让他们在联合办公空间工作，或者为他们在咖啡厅工作买单。每个员工能用 2 000 美元购置办公桌椅，还能获得最新的苹果电脑设备。

第二，准备好远程高效协作办公的工具。Automattic 依托于其自主开发的交流协作工具 P2 来代替传统的电子邮件，采用成熟的视频会议软件 Zoom 以及团队协作工具 Slack，并用设计与协作软件 Mural 等工具在虚拟空间中整理、共享创意。

第三，健全组织架构和管理机制。公司的架构扁平，工作依靠多个 2～12 人的小型项目组进行，鼓励敏捷、多元化团队的建

[①] 资料来源：极客公园，《估值 30 亿美元，连续 15 年纯远程办公，Automattic 做对了什么？》。

设，鼓励他们用不同方式组合，用业绩说话。

第四，任务和工作过程100%透明，所有工作对话、文件、会议记录和培训对全公司员工可见，最大程度上避免摩擦与误解。

第五，每年组织一次为期一周的线下全员大聚会来增强凝聚力与协作感。

Automattic的实践证明了远程办公是完全可行的，而且公司业绩表现优秀。公司在2019年11月完成Salesforce领投的3亿美元D轮融资，估值达到30亿美元。

分布式的知识要素：开放获取、开放创造

知识是组织生存和成功的关键资产。"知识管理之父"野中郁次郎[1]认为，知识管理的目标是在组织内持续创造新知识，并迅速体现在新产品、新服务、新技术和新系统上。它需要确保在最合适的时刻将知识传递给最需要的人。为了达到这个目标，组织必

---

[1] 野中郁次郎，日本国立一桥大学教授，在市场营销、组织论、经营战略、创新等领域卓有建树，尤其是关于知识创造过程、知识管理、知识科学的研究和实践，受到了国际学术界和企业界的高度关注和评价。著有畅销书《创造知识的方法论》《创造知识的实践》等。他被国际学术界誉为"知识创造理论之父"和"知识管理的拓荒者"。

第三章
聚沙成塔：分布式商业的七大核心要素

须对知识的整理、加工、存储、控制、开发、创造等一系列过程进行优化，并运用最好的方式将知识分享给需要的人，让人们在需要的时间、地点得到需要的内容。

知识管理的本质特征决定了集中式管理方式并不适合。集中式的知识管理包括存储在集中的数据库上，整理和开发由单一机构主体操作，研究创造在封闭体系内运行，对外公开采取授权和订阅模式，等等，这些方式的弊病在于知识被单一机构垄断，外界获取知识的付费壁垒和自由度壁垒阻碍了知识的分享，知识的开发创新难以吸收外界多元化的思想。所以，知识管理从一开始就倡导分享，倡导分布式存储，倡导被多方使用，倡导面向组织外部去搜寻和获取，为此产生了许多常用的信息技术。比如在大数据时代，私有的知识库存储无法满足海量信息数据的要求，而且存储和计算的联系越来越紧密，不得不向共享分布式的云端存储和计算转变，扩大知识容量，同时利用云存储进行远程协作，比如石墨文档、Google Drive、Dropbox 等，为知识管理提供了更强大的工具。

搜索引擎

搜索功能在如今的产品应用中十分常见，谷歌、雅虎、搜狗、百度等搜索网站是分布式知识的重要代表。搜索是用户快速获取知识的直接途径，搜索也随着信息的不断丰富、算法的不断优化而变得更加智能化、人性化。人们已经习惯在搜索框中输入一个关键词后，从下拉框中出现的多个选项中找到自己想要的内容——搜索引擎好像比用户本人更知道他要找什么。这个小小的功能看似稀松平常，其实背后已将全国甚至全球用户的搜索行为、搜索内容、搜索信息进行汇总计算，再根据该用户的画像、行为及特点呈现出相应的内容供用户选择。搜索推荐的"未卜先知"告诉我们，用户在互联网时代不再是孤独的个体，他们能够享受全世界的知识，这便是分布式知识的一个具体应用。

线上百科

分布式知识的一个典型体现就是维基百科。维基百科就是"一个允许一群用户通过简单的标记语言创建和连接网页的社会计算系统"，允许网页访问者对内容进行自由修改和编辑，创建新网页。这个系统本身就提供了一个面向互联网上所有用户的学习环境。维基站点一般有统一的关注主题，站点内容必须和主题有高度相关性，围绕这个主题做内涵式和外延式的扩展，由此将同一个问题进行深入挖掘，[1] 同时，站点还应该通过合适的机制保证新信息的正确性和权威性。据此，维基形成了一个大社会协作的百科全书，体现了世界各地的用户在线上协作贡献知识的分布式模式。

---

[1] 魏炜. 创新管理与综合素质通识. 深港澳金融科技师考试内部教材, 2019.

第三章
聚沙成塔：分布式商业的七大核心要素

延伸阅读

分布式知识案例——维基百科[①]

创立于2001年的维基百科是互联网上最大的百科全书，自由内容、自由编辑是它最大的特点。它的目标在于向全世界用户提供可以自由读取的百科全书。全世界志愿者都可以用自己的语言来参与编辑条目。维基百科的开放式编辑模式提供了全世界协同交流的平台，体现在两个方面：一是作者和读者无法沟通的界限消失，每个读者也有可能是作者；二是知识从所谓专家到非专家的自上而下流通方式发生了变化，非专家也有可能运用可靠的、独特的知识做出贡献，与专家形成互动。在内容质量控制机制上，如果有人撰写了错误内容，甚至恶意造假，网站不仅有编辑，还有大量的读者通过集体智慧和管理机制纠偏，充分发挥了知识来源和组织的分布式特性。

目前维基百科有285种独立语言，收录了超过3 000万条条目，约有4亿网民使用该网站，成为全世界最大、最方便的公共知识库。任何用户都可以创建和编辑条目，但必须经过其他用户的检查后发布或者先发布再更正。维基百科由非营利组织维基媒体

[①] 资料来源：维基百科官方网站。

基金会管理，基金会收入主要来自外界捐款。

开源软件和社区

在互联网时代，知识要素的分布式管理发展到一个高级阶段，就是在一个知识开源社区内进行管理。开源社区是基于开源软件而来，开源软件有对应的开源许可证，对软件的使用、复制、修改和再发布进行限制。只要遵守相关许可证的规定，任何人都可以得到开源软件的源代码，并加以修改学习，甚至重新发布。在开源社区内，各种各样的开发者因为共同的兴趣、共同的职业和声望需求等原因自发聚集，经过分享经验、代码调试、提交功能补丁等方式对项目做出贡献，协同完成一个开源软件项目的开发和版本维护。

不同领域的开发人员依托各种开源平台，形成了不同的开源社区。[①] 开源社区的用户进行团队协作、主动贡献，具有较强的社群性，贡献者参与到开源软件开发之中，并把源代码开放给其他开源社区成员。如此一来，开源社区降低了技术获取的门槛，并有助于大幅降低日后开发和维护的成本。

发布于1991年的Linux系统是开放源代码的操作系统，只

---

① 资料来源：《中国人工智能开源软件发展白皮书（2018）》。

第三章
聚沙成塔：分布式商业的七大核心要素

要遵循通用公共许可证，任何人和机构都可以自由使用 Linux 底层源代码，修改之后再发布。Linux 最初只是一个支持 Intel x86 架构的操作系统，现在被移植到更多的计算机硬件平台上，例如全球大多数运行速度最快的超级计算机都基于 Linux 系统。[①] 与收费的微软 Windows 系统相比，免费、开源、共享使 Linux 系统成为许多终端设备的操作系统，它被广泛用于手机、平板电脑、路由器等嵌入式系统上，例如安卓操作系统的内核就基于 Linux 系统。一般情况下，任何人都可以按照自己的需求去创建一个 Linux 发行版，包含了 Linux 内核和支撑内核的库、应用程序，从而能够用到某个系统上去。

再以 GitHub 社区为例，2008 年 4 月正式上线的 GitHub 是一个面向开源及私有软件项目的托管平台。它的基本功能是托管 Git 代码仓库，拥有基本的代码管理界面，还提供代码分享、协作开发、订阅讨论等多样化的附加功能。在 GitHub，用户可以轻而易举地找到海量的开源代码，开发技术人员不仅可在 GitHub 上参与开源项目，更可建立社交圈子，促成开放的分布式协作模式。目前全球有超过 210 万家企业和组织在使用 GitHub（见图 3-2）。2018 年，微软以 75 亿美元收购 GitHub，与其 Azure 云服务平台集成，为全世界开发者提供代码托管、开源协作、环境部署等一套完整工具链，开发者可在任何云及设备之上部署代码。同时，微软也

[①] 资料来源：https://wiki.mbalib.com/wiki/linux。

展现了拥抱开源世界的决心。

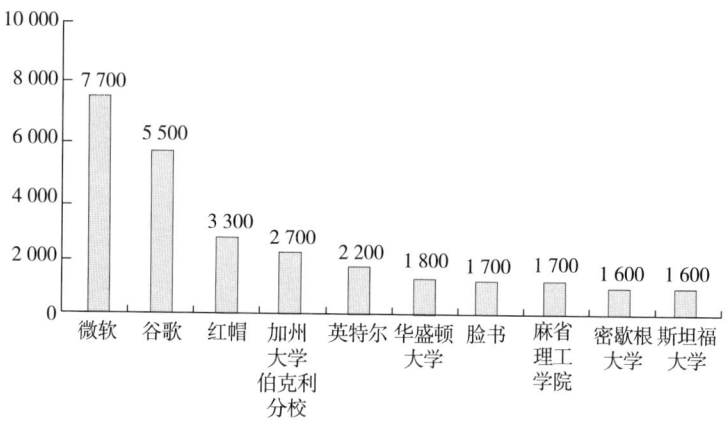

图3-2 参与GitHub开源项目的机构排名（以参与开源雇员数量计）
资料来源：GitHub2018年年度报告。

开源社区利用了互联网的开放平台，充分实现了不受时间、空间限制的知识分享和创造，其鼓励参与者多多益善，以尽可能简单、便捷的方式参与到开源中来，聚集群体智慧来解决问题，从而提高生产的效率与效益。目前，全球互联网界都认识到开源软件和开源社区的重要意义，无论公司规模大小，纷纷拥抱开源。微软、谷歌、英特尔、脸书、阿里巴巴、腾讯等争相参与到开源大潮中，IBM于2018年斥资340亿美元收购了世界著名的开源软件公司红帽，目的是让IBM在未来几年内塑造云计算和开源市场。全球主流的数据科学和人工智能通用编程语言Python、R等都是开源软件。在过去30年里，全球产生了200多家以开源技术为核心

第三章
聚沙成塔：分布式商业的七大核心要素

的公司，融资总和达百亿美元。[①] 在开源运动的推动下，知识要素的分布式管理正如火如荼。

付费咨询和专家网络

人们在生产生活中常常需要了解复杂的、某一领域的知识，除了法律咨询、心理咨询以外，还有产品、设计、营销、生产等方面的问题，但寻找合适、可信赖的专家却很困难，需要付出大量的搜索成本，且搜索到的专家不一定可靠。社会知识分散在各个地方，却缺少有效的平台将分散的知识组织成"有序分布"的形式，便于随时获取。因此，付费咨询平台、专家网络等模式应运而生。

这类平台的一头连接着大量行业专家，一头对接着各种各样的客户需求，为客户寻找专家，然后从客户支付的咨询费中获得手续费。近年来，美国涌现出了GLG、Cognolink、Clarity、24 Session、Evisors等专家对接服务平台，根据专家的资质、累积的用户评价以及所处的行业，咨询费用在2~10美元/分钟不等。国内有在行、知乎、大牛家等平台。投资公司是专家网络的最大需求方之一，专家网络公司汇集了行业专家、企业上下游人士甚至企业

[①] Peter Levine, Jennifer Li, 2019. https://pages.a16z.com/OpenSourceFromCommunityToCommercializationDeck.html.

竞争对手的专家服务，能为买方机构极大提升投资研究效率。这样的专家网络公司在国外已很成熟，目前在国内也越来越受到关注。作为专家网络平台的一种，当由于疫情等突发事件导致很多医院无法收治非肺炎患者和非急性患者时，患有其他慢性疾病或普通疾病的人就可以通过互联网问诊平台，如春雨医生、丁香园、好大夫等，在线付费寻求医生的诊断，这起到了缓解社会医疗资源紧缺的作用。

专家网络平台的意义在于通过付费保障服务质量，提高了获取有效信息的精准度和效率，节省了客户的搜索成本，并为高知者提供了知识变现的有效途径，从而最大化地利用了社会知识，做到了"分布而不分散"。

分布式的组织管理要素：扁平、敏捷、开放

英国著名经济学家马歇尔在《经济学原理》中指出："组织对于生产起着重要的作用。"组织管理作为生产七要素之一，与劳动力分工形式有密切关系，二者相互影响。1913年，全球第一条工业流水生产线在美国底特律诞生。福特工厂内搭建了以传送带为特征的有形的流水线，员工在流水线上完成指定工序的任务。福特的流水线工艺不仅影响了汽车制造行业，也影响了其他制造行业。这种按照顺序操作的思路来构建组织结构的途径，遵循了机

第三章
聚沙成塔：分布式商业的七大核心要素

械系统的逻辑。

事实上，这种机械逻辑，或者说严格的管控逻辑，是人类历史上大部分正式组织的规范形式。组织按照科层制管理，分为若干个部门，命令由上到下发布，从最高层开始逐层向下指挥，下级服从上级，在自我主张和上级命令之间听从后者。军队就是最典型的科层制组织，工业化时代的企业也是如此。这类组织管理的有效性在于上层管理者往往是掌握了知识和信息、受过良好教育、有着丰富经验和阅历的精英，所以更容易做出更正确的决策。

但是，随着时代的变化，现代社会出现了与上述顺序模式相反的另外一种组织管理方式，在这个组织里面有很多系统，它们都是并行运作的，就像神经元网络、电脑网络一样，这类系统的动作离散而又彼此关联。正如凯文·凯利（Kevin Kelly）在其所著的《失控》一书中提到的蜂巢组织模式，[1] 蜂巢里面的蜜蜂高度连接，互相交流，协同合作，而并非连到一个中央枢纽上，这类组织就像一张网。这类系统的管理和中枢分布在系统中有 4 个突出特点：没有强制性的中心控制，次级单位具有自治的特质，次级单位之间彼此高度连接，点对点之间的影响通过网络形成了非线性因果关系。

根据凯文·凯利对分布式系统归纳的特点，分布式的组织应

---

[1] 凯文·凯利. 失控：全人类的最终命运和结局 [M]. 张行舟，译. 北京：新星出版社，2010.

表现出没有强中心化的控制，各次级单位成员根据内部规则以及其所处的局部环境状况做出反应，这些自治成员之间彼此连接且互相影响。

分布式组织的出现，与当代组织中上下层人员之间知识、信息、经验分布的均衡化紧密相关。随着现代社会高等教育的普及，年轻人普遍受到良好教育，知识获取能力和学习理解能力并不逊于管理者，互联网的发达更让各个层次的人都有可能获取全面新鲜的资讯，大数据技术让普通员工也能获得洞察力。而且，在市场迅速变化的互联网时代，往往是年轻人更能把握消费者动向，依赖过往经验的管理层并不一定擅长快速应变去理解前沿消费者；产业精细化之后的复杂度越来越高，上层管理者很难凭自己的个人经验做出正确的判断和决策，而是更需要把握细节的前线员工自主决策。所以，传统科层制组织存在的根基已经动摇，依靠员工自组织的分布式组织管理正在兴起。

敏捷组织

英国牛津大学的人类学家罗宾·邓巴（Robin Dunbar）提出了社会学的一个经典理论——邓巴数字，又被称为"150定律"。他根据猿猴的智力与社交网络进行推算，指出每个稳定社交网络的人数大约是150人。该定律认为，当一个团体超出150人时，内部的合作效率会有所降低，人数太多则不能进行有效的交流。邓巴

第三章
聚沙成塔：分布式商业的七大核心要素

认为是大脑认知能力限制了特别物种个体社交网络的规模，而正是这种限制造就了伟大的组织架构和伟大的公司。

从组织结构的角度来看，"150定律"是小团队所具备的优点，但一个组织毕竟需要壮大，所以团队规模化之后，如何突破"150定律"，保持整个组织的持续适应能力，就成为一个重要问题。事实上，团队结构可分为竖井式与分布式。[①] 前者是指中心化、有隔离的组织，当一个组织（部门）的成员不与另一个组织（部门）的成员进行沟通时，仅仅按照科层制的规则向自己的上级汇报，那么这个组织就被割裂成一座座孤岛、一口口狭长的竖井，自设了阻隔的屏障。与之对立的就是由一个个灵活作战的小团队组成的分布式结构，小团队之间在需要时能及时交流资源和信息。从中心化的、隔离的组织演变到多中心的、分布式敏捷组织，有助于保持组织多样性，内部运转机制透明，有利于让高效敏捷的小团队自我运行，进行自治，从而产生大团队的协同作用（见图3-3）。

需要强调的一点是，在错综复杂的新生态下，精准预测几乎是不可能的，敏捷胜于效率，效率的关键很大程度依赖于组织架构的灵活性。现在组织架构的趋势已渐渐从大团队的"控制-命令"式转变为"赋能-分布"式的多个敏捷小团队独立作战，唯有如此，才能在新生态下取得成功。

[①] Albert J. Mills, Jean C. Helms Mills, Carolyn Forshaw, John Bratton. Organizational Behaviour in a Global Context [M]. Broadview Press, 2006.

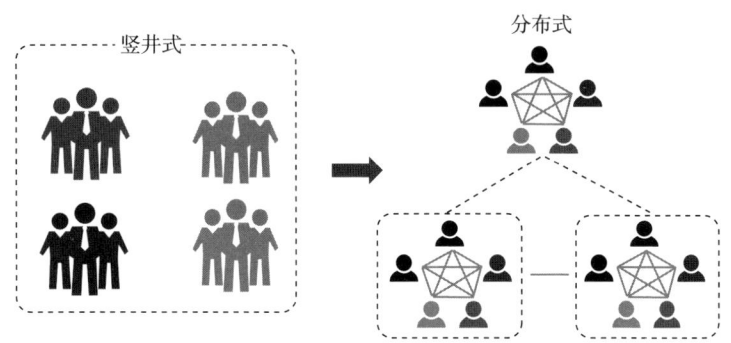

图3-3 中心化组织与分布式敏捷组织
资料来源：凯文·凯利所著的《失控》。

在科技公司或者IT部门中，有些公司会采取敏捷开发模式，其目标是建立持续价值交付的能力，用简单快速的小版本开发、测试和部署来替代传统缓慢更迭的大版本。传统的方式是"瀑布开发"模式，把开发分成一系列阶段，如需求、设计、开发、测试，而这样批量的工作使得价值交付延迟，面对不确定的技术、市场环境，传统开发模式已无法适应要求。因此，现在越来越多公司要求建立敏捷开发模式，背后则需建立很高的团队协作能力，即分布式敏捷开发工作团队。团队以小粒度的需求为单位开发、集成、测试，及时发现并解决问题，让测试人员和开发者参与需求讨论，使分散的团队成员协同合作。

敏捷组织还有一个有趣的相似概念，叫作"阿米巴组织"（Amoeba）。阿米巴是原生动物变形虫科，其形体变化不定。变形虫具有极强的适应能力，在地球上存在了几十亿年，这得益于它们能随着外界环境的变化而变化，不断自我调整来适应生存环境。

第三章
聚沙成塔：分布式商业的七大核心要素

由于这类生物自治和适应能力强的特点，后来其名称也被应用到实业生产的概念中。

在 20 世纪中后期，世界著名实业家稻盛和夫首次提出"阿米巴经营模式"。稻盛和夫在早年创业时，面临一个人既负责研发，又负责营销的困境，随着公司逐渐壮大，他把公司细分成"阿米巴"式的小集体，赋予充分的权责利，从而培养出许多优秀的管理者。1959 年，稻盛和夫成立了京瓷公司，随后在 1984 年成立了第二电信公司 KDDI，这两家公司在他的有生之年均进入了《财富》世界 500 强排行榜。稻盛和夫所采取的"阿米巴经营模式"的基本哲学是将公司分割成许多小型组织，通过精细的部门独立核算，作为一个个独立的经营中心，发挥各自的能量价值。

阿米巴组织是分布式敏捷组织管理的体现之一，因为在各层面的阿米巴组织弱化了对"单一中心"的依赖，具有自治的特质，彼此高度联结，相互影响，构成网状的组织结构。这个模式成功运行的条件是员工和领导互相信任，阿米巴组织才有活力。

商业联盟

商业联盟也是分布式组织管理的典型形态之一。中国自古就有商业联盟，在明清 300 多年的中国商业史中有十大商帮，商帮就是以地域为纽带的封建商业联盟，作为正式的组织，其内部有各自的运行规则。尽管十大商帮曾在历史上叱咤风云，但随着近代

分布式商业

资本发展，由于其商业模式单一、思想观念传统、适应能力差等弊端，它们无法适应新形势而走向了衰弱。但商业联盟却滥觞于商帮经济，随着社会的发展，越发成熟。

商业联盟是指不同行业或者不同层次的企业机构为了实现共同的利益而形成的联合性组织。联盟成员之间通常具有互补的资源，能够互通有无、取长补短，尽量发挥资源的协同价值。而且，互补性越强、利益越有共同性，联盟成员的关系就越稳固。一个典型例子是若干个商户可以使用同一种积分系统，不论在联盟的哪个商户中消费，消费者都能够获得该种积分，所有积分通存通兑，累积相加，在联盟的不同商户中兑换现金、产品或服务，甚至享受折上折等更多优惠。联盟将所有会员与商户通过网络联系在一起，达到资源共享的目的，使商户与顾客双方互惠互利。

以银行业为例，如果建立银行联盟，联盟成员之间可以通过交换资源而构建深入合作，例如客群共同经营、数据脱敏交换、科技交换等，以低成本的方式迅速打破业务的地域限制，发挥自身的地域优势，提升客户体验，更好地服务客户。麦肯锡公司在一份报告中列举了通过战略联盟构建行业专业化生态圈的银行例子[1]：荷兰合作银行（Rabobank）与106家成员地方银行和全球合作行等机构共建联盟，建立了紧密的内部治理结构，推动不同机构和组织间的交流，战略性开拓了B端生态圈。这个联盟立足荷

---

[1] 麦肯锡中国公司. 时不我待、只争朝夕：中国银行业布局生态圈正当时，2018.

兰,将农业和食品业作为核心客户产业,覆盖了整个农业供应链上的客户。由此可见,战略联盟模式允许银行间撬动联盟伙伴的信息、资金、技术、人才等,这会带来更好的协同效应。

航空业联盟也是一个特别典型的商业联盟案例,它是多家航空公司之间所达成的正式合作协议。由于每家航空公司都拥有优势性的航空区域和网络,而游客的旅行往往需要跨越国际,所以航空联盟就将各国航空公司的航线网络联合起来以提供全球性的航空网络,从而使跨国旅客能够通过同一联盟方便、低成本地转机。此外,旅客可以在同一联盟的不同航空公司中换取消费积分。全球最大的3个客运航空联盟是星空联盟、天合联盟及寰宇一家,货运航空联盟则有WOW联盟等。

分布式的数据要素:民有、民治、民享

数据在这个万物互联的时代无处不在,企业和用户渐渐从更多维度、来源、数量的信息共享中尝到了甜头,体会到了大数据与人工智能技术对数据出神入化的处理所带来的惊人益处。从个体角度看,数据的多平台共享和处理能够让用户的画像更为完整、丰满,有时候数据对于一个人的了解比这个人自己都深入。都说大数据是人工智能的土壤,如今市场上的精准营销、智能推荐、金融风控等场景,便很大程度上得益于这样的信息数据共享。从

机构角度看，如今有价值的信息是一家企业最宝贵的财富之一，许多商业行为的潜在目标都是收集用户的个人信息、行为数据，甚至在某些场景下，获取数据比赚取利润的优先级更高。

虽然数据价值很高，但如何正确地获取、清理、存储、应用和处置数据却是一个复杂的问题，因为涉及安全性、隐私性。这里就产生了数据的集中式和分布式的区别。在以往，数据一般都由各个机构自行保存，利用数据来开发业务或处理工作。机构越大，平台越大，越有可能集中大量的数据。这一方面是因为普通个人或小机构没有经济能力来采购数据相关软硬件，另一方面是因为数据也有规模经济性，规模越大、多样性越强的数据越有可能产生价值。

但是，数据资源集中之后，很有可能被少数企业掌控，形成垄断，一旦如此，会带来3个不良后果。

第一，数据被割裂，价值难以发挥。数据所有者或处理者因利益驱动或法律限制，只使用自己生产、收集的数据；同时，他们也不会轻易与其他主体交换自己拥有的数据，数据往往被割裂、分散，所服务的对象较为局限，这就产生了所谓"数据孤岛"的现象。数据孤岛导致信息间关联性被忽视，信息的完整性缺失，其价值不能得到很好地发挥，以至于信息和数据的巨大力量数十年未显露出来。

第二，数据集中后，就会有单点故障的危险，一旦系统出问题，所有数据相关业务都要停下来，给业务系统带来隐患。

第三章
聚沙成塔：分布式商业的七大核心要素

第三，隐私容易被侵犯。当消费者或者企业的数据被某些机构集中获取后，这些机构就有可能利用这些数据从事商业行为，从中挖掘消费者的个人隐私或者企业的商业机密。即使这些机构没有作恶动机，数据被中心化存储后，一旦遭到黑客攻击，同样容易泄露客户隐私。这类事件屡见不鲜。2018年，中国连锁酒店华住集团遭遇黑客攻击，网络黑客向黑市出售涉及1.3亿人的个人信息及开房记录等共计5亿条数据信息。2017年，凯悦酒店集团（Hyatt Hotels Corporation）遭遇了黑客攻击，全球11个国家的40多家分店数据被泄露。

为此，数据的分布式保存管理成为新的选项，社会开始重视将数据交换给合适的、产生数据的人，重视他们对数据的权利，强调数据的自主和自治。分布式数据并不意味着数据被割裂在个人或各个机构手中，相反，它意味着多个数据持有方在保持自身数据独立安全的前提下，按照一定的规则进行数据的共享与互通，以达到数据价值的最大化。

以高盛为例。2014年，高盛联合华尔街多家金融机构，创建了Symphony通信服务公司，致力于打造行业间数据与通信平台，旨在通过信息互联建立起分布式的行业联盟，摆脱彭博公司在金融即时通信领域的垄断和恶意信息监控。Symphony支持不同的市场参与方在一定的规则下，通过平台进行信息互通，其制定了一套符合监察要求的措施，以保证金融敏感数据互通时的安全性及合规性。通过这种方式，Symphony已连接超过28家机构投资，覆盖超过 30 万用户，其功能除了企业间即时通信、共享功能，也整合了来自道琼斯、FactSet、Eikon 和标准普尔全球市场情报等公司的数据服务。未来，Symphony 将不只是信息共享、交换的工具，而是成为连接各金融机构的行业信息分发平台，为金融机构提供安全的信息互通、定价、报价等服务。

可见，当多个主体不断按照特定的规则共享数据时，分布式数据就会逐渐演变为弱中心化或多中心化的数据分布生态，衍生出诸多应用场景。在这样的信息生态中，各方通过合理安全的互联互通机制共享信息资源，按照透明的模式进行智能协同，信息在生态中良性循环，且维度不断丰富，数量不断增加，彼此间的联结更加紧密，其所贡献的价值让各参与方都能享受到，也成为各方继续共享信息的激励和动力。最终实现数据归个人所有，由个人授权治理，并由个人享受数据带来的好处。事实上，现在的法律法规和商业形态都在朝着分布式数据的方向前进。

GDPR 和中国的个人金融信息保护监管框架

随着越来越多的企业意识到数据的价值与作用，数据也开始被非法地爬取和泄露，不少机构打着信息共享服务用户之名，行数据非法贩卖之实。我们常常会发现，在搜索引擎中检索过的物件，在浏览网页时会突然出现在跳出的电商广告中；从未在网上上传过简历，却常常收到猎头或企业人事部经理发来的信息；更

第三章
聚沙成塔：分布式商业的七大核心要素

不要说冷不丁收到的各类推销、诈骗的短信和电话……隐私不再保密，反而变成被擅自买卖的商品，不少企业为了利益最大化不惜侵犯用户的隐私权。

2017年，欧盟为保护个人数据，推出了被称作"史上最严个人数据保护法"的《通用数据保护条例》（GDPR），该条例已于2018年5月正式生效。相较于欧盟在1995年颁布的《数据保护指令》（Data Protection Directive），GDPR拓宽了"个人数据"及"数据处理"的定义：个人数据指所有直接或间接与自然人相关的数据（例如姓名、身份证号等基本身份信息）；敏感数据指种族/民族、政治观点、宗教/哲学信仰、健康和性生活等相关信息。以上信息都会受到GDPR的保护。而数据处理定义的覆盖面也有所扩大，包括数据收集、注册、系统化、存储、调整、使用、披露、传播、提供或汇集等行为。GDPR为企业建立起标准数据管理的法律和政策框架。处理"大量"欧盟居民个人数据的各企业都需要指定一名数据保护官（Date Protection Officer，简写为DPO），以应对相关监管机构的审查，管理内部保护机制。

GDPR一经推出，在全球范围内引发蝴蝶效应，一时间企业惊慌失措，纷纷采取不同措施以避免承受因违反GDPR而开出的巨额罚单。有的企业针对GDPR特地修改了用户授权条款，强制要求用户同意；有的企业则对欧洲市场进行了战略性放弃，如退出欧洲市场的QQ就一度成为互联网的大新闻之一；更有甚者，干脆关门大吉。然而，尽管企业各显神通，仍有企业难以幸免，如全球知名科技公司谷歌和脸书就在欧洲吃了合计超过 76 亿欧元的罚单。GDPR 的实施使得各大企业机构在欧洲境内的数据收集、处理、互通受到了严重限制,隐私保护被提到了一个前所未有的高度。各国有可能也将加强对个人数据的保护。

GDPR 的一个重要特性就是强调数据属主对于隐私数据不可动摇的权利,突出了隐私数据的分布式而非集中式管理。它引入了几大新原则:

- 第一,隐私默认(privacy as default):企业在收集及处理数据时需征得数据属主明确、主动的同意,并要以通俗易懂的方式呈现给用户。
- 第二,数据最小化(data minimization):仅可根据事先约定的具体用途收集、存储及处理数据,不得无故收集或改作他用。
- 第三,数据遗忘权(right to be forgotten):用户有权要求企业删除涉及本人的相关数据。

这些原则表明,个人数据不能被个别大机构中心化地垄断和随意使用,必须将数据的控制权限还给数据属主,数据的物理存储可以是集中式的,但所有权、使用权一定是分布式的,通过分布式的个人属主指令来授权数据使用。未来,一定会有越来越多的技术和应用针对隐私数据的分布式特点而开发,隐私数据的分

第三章
聚沙成塔：分布式商业的七大核心要素

布式时代已经到来。

我国在个人隐私数据方面的监管措施也正持续推进。我国的监管框架包含若干个规范性文件，可归纳为"一法三办法"。所谓"一法"是指《网络安全法》，从法律角度确立了个人信息保护的基本框架，包括业务流程（收集、存储、使用、传输）和运营管理（风险管理、内部控制）；"三办法"是指《数据安全管理办法（征求意见稿）》《信息安全技术 个人信息安全规范（征求意见稿）》《信息安全技术 数据出境安全评估指南（征求意见稿）》，这三个办法征求意见稿是对《网络安全法》框架下两项核心内容的细化和延伸。

落实到金融信息领域，《个人金融信息（数据）保护试行办法（征求意见稿）》规定了个人金融信息保护，包括以保护个人金融信息为核心目标，按个人信息全生命周期，对个人金融信息收集、使用、存储、展示、对外提供、跨境流动的不同应用场景进行了全面细致的规定。《中国人民银行金融消费者权益保护实施办法（征求意见稿）》专门规定了消费者金融信息保护。2020年2月，央行又发布了新的金融行业标准——《个人金融信息保护技术规范》。该标准从安全技术和安全管理方面，对个人金融信息在生命周期各环节的信息保护提出了安全防护要求。它从技术标准角度进一步支撑和完善了我国在个人金融信息保护问题上的监管框架。

延伸阅读

隐私保护要求下的数据共享案例[①]

基于人工智能联邦学习技术，各参与方可借助其他方数据进行联合建模。各方无须共享数据资源，即在数据不出本地的情况下，进行数据联合训练，建立共享的机器学习模型。当前已有一些处于探索阶段的应用。

1. 联邦车险定价

传统车险的定价方式是从车定价，根据车的品质来确认保费，但是实际上，车辆使用情况、行车区域环境也是影响赔付风险的重要考量因素。由"从车定价"到"从人定价"，是车险市场的一个大趋势。但是对于强监管的保险行业，人、车、行为的数据分散在不同公司，关于新客的数据也较少，无法直接进行数据聚合并建模。在这种情况下，通过引入联邦学习机制，可以安全合规地接入多方数据源，打破数据壁垒，大幅提高行业定价的准确率。

2. 联邦信贷风控

在信贷风控领域，银行等金融机构在面对小微企业的信贷需求时，缺乏企业经营状况等有效数据，导致小微企业融资难、融资

---

① 资料来源：微众银行 FedAI 中文站。

第三章
聚沙成塔：分布式商业的七大核心要素

贵、融资慢；消费金融类企业机构面对客户信用资质参差不齐的情况，缺乏互联网行为画像等有效数据，在判断客户资质和信用情况方面存在一定困难。在这种情况下，引入联邦学习机制，一方面，对于单个消费金融类企业机构样本量不足的问题，联邦学习能够帮助从合作方获取更多同类数据，增加样本量，提升模型效果，另一方面，对于小微企业信贷评审数据稀缺的问题，联邦学习能够帮助设立多源数据融合机制，包括小微企业的交易数据、税务数据、工商信息等，确保数据提供方的数据安全及隐私保密，提升模型有效性。

3. 联邦销量预测

以生鲜业务为例，生鲜业务在中国零售业中的占比不断攀升，但是损耗却始终居高不下。为了解决这个问题，需要实现门店生鲜的智能管控，完成货物新鲜度及折扣促销策略实时对应调整，并且对爆品进行提前预测，帮助企业进行营销策略的优化。在这个解决方法中，需要掌握用户购买能力、用户个人偏好以及产品特点这三方面的信息。但是现实中，这三方面的信息很可能分属不同的企业或部门，例如银行掌握用户的购买能力信息，社交网站掌握用户的个人偏好信息，购物网站掌握产品特点信息。一方面，由于监管等原因，各方数据很难直接聚合在一起；另一方面，各方数据通常是异构的，传统模型很难直接在异构数据上进行训练。联邦学习为这些问题的解决提供了思路。

分布式商业

分布式的技术要素：架构、智能、信任与共识

分布式商业是一种先进的社会商业形态，建立在极其高效的沟通、管理、生产以及利益分配的机制和能力之上。这些机制和能力的建立离不开先进科技的支持，特别是信息技术。信息技术对推动分布式商业的演变起到了至关重要的作用。分布式商业依赖信息的有效传播和共享，因此，信息技术的发展一路伴随着分布式商业的产生直到成熟。每次信息技术的重大突破都极大地助推了分布式商业迈出新的步伐。

过去，信息技术呈现出集中式的特性。在架构方面，主机资源集中在大型主机、单一数据中心节点上，结合集中式数据库、集中式存储，实现了一致性强、维护简单、性能稳定、工程化成熟的特点。典型的集中式技术就是以 IBM 的主机、甲骨文（Oracle）的数据库和易安信（EMC）的存储技术为代表的 IOE 体系。但是，随着移动互联网时代的到来，数据处理量、处理速度、存储规模的要求越来越高，集中式技术暴露出扩展能力有限、单点障碍隐患大、运维成本高等固有缺陷，无法适应互联网时代的全新业务发展需求。[1] 在数据方面，传统技术都要求将分散在各方的

---

[1] 马智涛，卢道和，李靖，等. 新一代银行 IT 架构［M］. 北京：机械工业出版社，2019.

第三章
聚沙成塔：分布式商业的七大核心要素

所有数据集中在一个场所进行计算，数据必须集中到中央服务器处理，又增加了服务器的负担，也造成了很大时延，无法适应低时延的业务场景，如自动驾驶导航等。而且，在这个数据和个人隐私越来越受到重视的时代，在实体间转移、交换和交易数据的方式很可能违反 GDPR 等法律，传统的数据处理模式遭遇重大挑战。[①] 此时，分布式技术就站上了历史舞台。

以下几个关键技术对实现信息的有效传播和共享至关重要，在分布式商业演变过程中扮演着极其重要的角色。

- 云计算和分布式架构技术的出现进一步强化了不同机构间的协同作业，使更多商户可以参与到新的经济生态系统中，进一步强化了商业分布式的概念。
- 人工智能在数据隐私保护领域的技术框架将为分布式商业中的数据交换奠定可信任、强保护的基础，使商业运行在监管和法律框架下。
- 物联网、边缘计算是分布式商业落地的加速器，加速推动了商业分布式的进程，让分布在世界各个角落的设备都变得智能化，实现边缘智能。
- 区块链和分布式账本技术被认为是下一个阶段分布式商业的基础设施，传递了商业社会中最重要的准则——信任。

---

① 微众银行，等. 联邦学习白皮书 2.0，2020.

这些信息技术结合起来，从计算、存储、网络三大方面极大减少了数据信息搜索、获取、处理、分析、保存和转移的成本，让数据信息成为润滑、沟通前述六大生产要素的介质，使其集中的规模经济性不再显著，从而有助于生产要素从集中到分布，奠定了分布式商业的基础。

云计算和分布式架构技术

云计算技术的出现进一步强化了不同机构间的协同作业，使更多商户和用户可以参与到新的经济生态系统中。商家不再需要购买昂贵的设备，而是可以使用大量在云端的计算资源，在互联网平台上运营生意，用户可以随时随地、非常方便地访问、处理、共享信息。云计算的出现进一步强化了分布式商业概念。

云计算概念的产生可以追溯到"网络电脑"的概念。2000年后，谷歌开始提供各种在线服务，并借此迅速崛起。此时，上网活动已经变得触手可及，人们可以随时随地浏览网页、获取各种信息服务。在这样的背景下，信息服务如何满足这种随时随地的需求就变得尤为重要。这时，云计算概念被谷歌、亚马逊等企业提出，获得了全球信息产业的广泛响应，各式各样的云计算服务纷至沓来。

云计算的关键技术主要包括存储、资源管理和信息安全三方面。存储方面主要解决如何结构化、存储和调用海量数据。资源

第三章
聚沙成塔：分布式商业的七大核心要素

管理主要解决如何将成千上万台服务器组织在一起，协同为终端的消费者提供云计算资源和服务。信息安全则是解决海量数据保护和管理系统维护问题。

云计算塑造了全新的 IT 产业链。传统中心化的硬件和软件服务如 WinTel（Windows + Intel）体系受到极大冲击。另外，云计算对硬件厂商的产品线也造成了巨大的影响，计算终端市场和对应的外设市场也开始发生了巨大的变化，云端的服务器通信和浏览器功能的重要性日益显现，分布式商业的概念因此得到进一步强化。

在云计算的基础上，分布式架构的诞生进一步推进了分布式商业的基础完善。近十年来，经过谷歌、苹果、脸书、亚马逊、百度、阿里巴巴、腾讯等国内外大型互联网公司在实践中的反复试验，分布式 IT 架构开辟出一条新道路。与以 IOE（IBM + Oracle + EMC）为代表的集中式架构不同，分布式架构并不苛求单机能力的完美，其核心思想是在低成本、标准化的开放硬件和开源软件的基础上，通过多地多中心的多活架构设计，实现因时因需而变的可扩展性、高安全性、高容灾能力与系统可用率（见图3-4）。

分布式架构可基于开源软件和 X86 架构服务器，按照一定的维度将系统进行拆分和组合。以客户为单位设计多副本、强一致、松散耦合的分布式架构，通过一定的负载均衡机制，将事务分摊到多个节点上处理。由于各节点松散耦合，兼具灵活性和适应性，对底层产品的可靠性、可用性依赖降低，受单一厂商的制约较少，能有效降低成本。尤其是随着应用规模的扩大,边际成本将更低,同时还逐渐体现出在敏捷开发、智能运维等方面的优势。

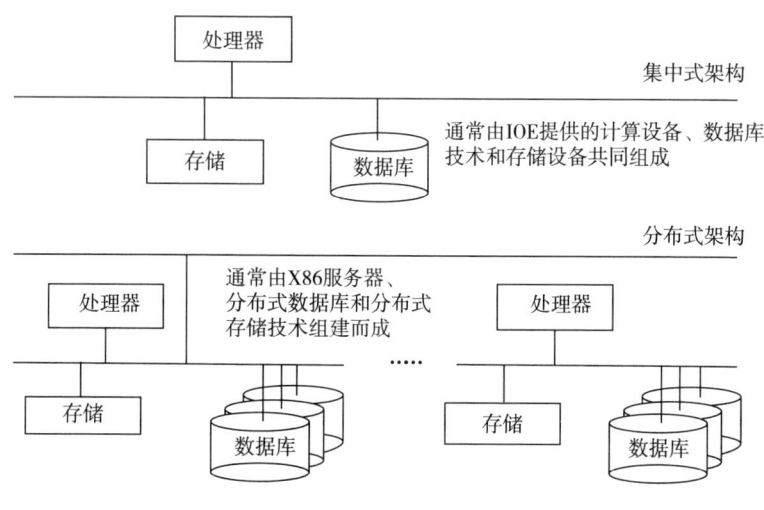

图 3-4 集中式架构和分布式架构简示图

分布式存储

除了传统意义上的地理空间的分布式,当社会进入数字化时代后,海量的信息、图像、资料等被转化为一串串二进制码,也被分布式地保存在存储空间中。传统的网络存储系统采用集中的存储服务器存放所有数据,且整个系统的业务单元都集中部署,系统所有功能都集中处理。这样一来,对于机房的空间、散热和承重具有较高的要求,对于存储设备的性能和主干网络带宽的要求也颇为苛刻。且一旦一台大型主机出现故障,整个系统都面临

第三章
聚沙成塔：分布式商业的七大核心要素

着宕机的严重后果。随着信息呈指数级增长，集中式存储的性能瓶颈逐渐显露，渐渐不能满足海量数据与大规模存储的需求。这时，分布式存储与云服务横空出世，很大程度上缓解了集中式存储的压力，提高了系统的性能。

分布式存储采用可扩展的系统结构，将数据负荷分布在多个存储节点上，各个节点通过网络相连，从而可对各个节点进行统一管理调度。存储设备可分布在不同的地理位置，数据就近存储，减小了带宽的压力；同时，存储设备也可选用低端的小容量设备分布部署，价格成本和维护成本都远低于集中式存储。除了高可用、高性能、低成本的特点，分布式存储还具有高可靠、易扩展的特点。各存储节点间相互备份资源，当一个节点发生故障时，其他节点仍能正常工作，保持了系统的正常运行。同时，分布式存储架构灵活可控，进行系统扩容时，其时间成本和价格成本也都低于集中式存储。

联邦学习[①]

我们在"分布式的数据要素"一节中提到 GDPR 等监管措施对数据隐私和安全提出了重大挑战，要求隐私数据的分布式管理。这给高度依赖数据的人工智能领域带来了前所未有的困难。一般

---

① 本节部分资料来自微众银行 AI 项目组《联邦学习白皮书》。

情况下，人工智能所需数据涉及多个领域，需要综合多方结合起来应用。但多数行业的数据以孤岛形式存在，而且由于行业竞争、监管要求、小团体利益等问题，即使是同一个机构内的不同部门内的数据也不易做到整合，更遑论在分布式环境下将各个机构和地方的数据进行整合，而且在数据整合时，要重视数据隐私和安全。简单的数据交换不被 GDPR 等监管法规所允许，数据也不能在未经数据属主许可的情况下挪作他用。

在数据极其敏感的行业如金融业，每个企业都希望自有数据不出本地，这样就需要通过加密机制下的参数交换方式，在不违反数据隐私法规的情况下，建立一个虚拟的共有模型，实现双方的信息数据共赢。如何在满足数据隐私、安全和监管的条件下，设计一个机器学习框架，让人工智能系统准确、高效地共同使用各自的数据，是人工智能发展的一个重要挑战。"联邦学习"技术的横空出世，为应对分布式数据环境下的个人隐私保护问题提供了良好的解决方案。

联邦学习指多个客户端在一个中央服务器下协作式地训练模型的机器学习设置，由于使用局部数据收集和最小化的原则，它能够降低使用传统中心化机器学习和数据科学方法带来的一些系统性隐私风险和成本（见图 3–5）。[1]

---

[1] 资料来源：https://mp.weixin.qq.com/s/TWRPiBq5VwMoPKUn3Bh2Uw.

第三章
聚沙成塔：分布式商业的七大核心要素

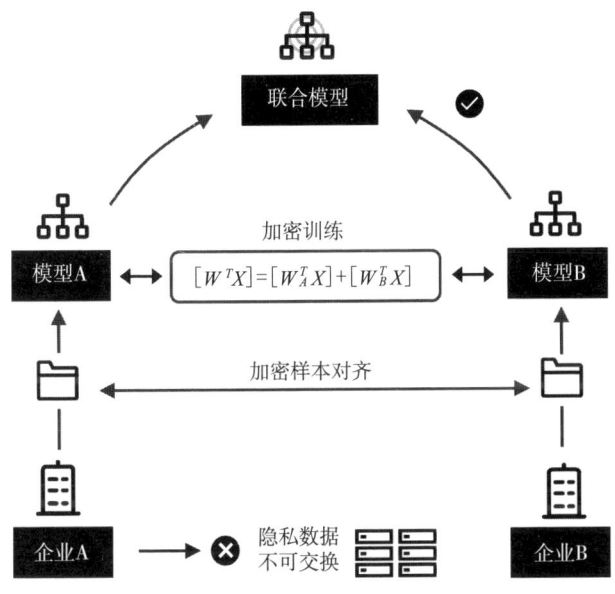

图3-5 联邦学习框架示意
资料来源：微众银行 AI 项目组《联邦学习白皮书》。

举一个简单的例子来解释联邦学习。当两家部分用户重合的公司想要联合建立一个用户画像模型时，联邦学习首先通过加密交换的手段，建立用户的识别符（identifier）并进行沟通，在加密状态下用减法找出共有的部分用户。然后，双方将这部分数据提取出来，将各自拥有的重合用户的不同特征作为输入，迭代地进行训练模型、交换参数。在这个过程中，双方仅交换共有的识别符，并不交换关键用户信息，在给定模型参数的情况下，双方并不能互相反推出对方拥有的而自己没有的特征，因此用户隐私仍然得到了保护。由此，在不违反 GDPR 等监管法规的情况下，双方的模型性能都得到了提高。联邦学习不仅解决了个人隐私问题，其相比于迁移学习的优点在于"无损失"。迁移学习在模型从领域 A 迁移到领域 B 的时候，只会保留 A 与 B 共享的内容，而其他一大部分从 A 中学习到的知识都会丢失，甚至会出现负迁移。然而，联邦学习能够保证两家公司的模型都优于原来的效果。

在联邦学习的条件下，没有必要建立一个中心数据库，参与联邦学习的机构便可以利用联邦机制向其他参与方发起数据的查询和共同建模。由此，联邦学习能够在有效保护各参与方数据隐私的基础上解决信息孤岛问题，促进分布式商业中的各方协同合作，实现价值最大化。联邦学习的应用场景也十分广泛，并没有特别的领域或者具体算法限制，可以在信贷风控、智慧城市管理、机器视觉、装备故障检测等各个行业、各种场景得以应用。

与联邦学习框架相近的另一个技术方案是安全多方计算（Secure Multi-Party Computation，简写为 MPC）。1986 年，姚期智院士率先提出 MPC 的构想，MPC 协议的目标是在互不信任的场景下，让多个数据所有者在保障数据隐私的基础上协同计算，输出计算结果，并保证任何一方均无法得到除应得的计算结果之外的其他任何信息。目前业界在安全多方计算上也推出了较为成熟的技术。

区块链和分布式账本技术

"区块链"一词最早在 2008 年被提出，作为一个抽象概念，它代表着多类信息技术组合的统称。经过包括中国在内的数十个

第三章
聚沙成塔：分布式商业的七大核心要素

国家历经数年的讨论后，2019年在国际标准层面已明确了区块链的定义。根据国际标准化组织ISO/TC 307（区块链和分布式记账技术委员会）在ISO22739《区块链和分布式记账技术术语》标准中的表述：区块链是使用密码技术，将共识确认的区块，按照顺序追加形成的分布式账本。

区块链作为多类细分技术模块的组合，涵盖了块链式数据结构、点对点通信协议、分布式架构、时间戳、共识机制、哈希算法和非对称加密算法、隐私保护算法、智能合约等细分模块，根据技术路线的不同，也形成了公有链和联盟链两大类型（见图3-6）。

在《经济学人》杂志2015年10月的封面文章中，区块链被誉为"信任的机器"。对此，公有链的拥护者一直把区块链理解为"创造信任的机器"，即可以在没有中间权威机构的情况下，对彼此的协作创造信任，但多年来的公有链实践已印证了这种理解存在着较大的误区。

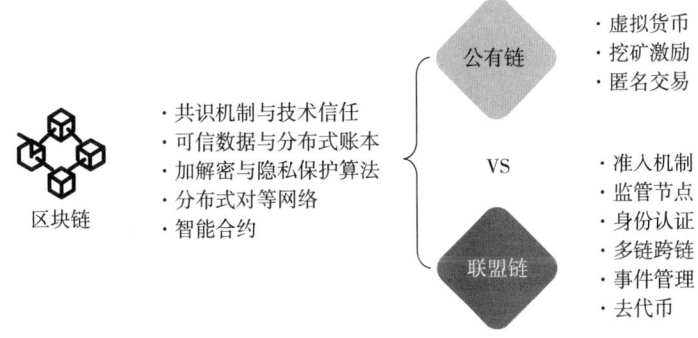

图3-6 不同细分技术组合形成的两大区块链类型

分布式商业

公有链的最典型应用就是加密代币，以比特币为典型代表。比特币是中本聪在 2008 年提出，在 2009 年诞生的一种加密代币。它不是由任何法定货币发行机构发行的货币，而是由一个 P2P 网络中的诸多节点根据特定算法构造，并且这些节点组成一个分布式数据库，确认和记录比特币的产生和流通行为。虽然比特币可以在无权威机构的背书之下，创造陌生人之间的交易信任，但由于其完全绕开了现有的社会治理方式，也只能在特定的闭环交易场景下起到有限信任的效果。而之后通过首次代币发行（Initial Coin Offering，简写为 ICO）、证券化代币发行（Security Token Offering，简写为 STO）、稳定币等形式诞生的虚拟货币或公有链，仍然高度依赖一些中间方或私人主体，并没有创造出新的信任，反而走向投机盛行、价格暴涨暴跌、风险快速聚集等局面，并涉嫌非法发售代币票券、非法发行证券以及非法集资、金融诈骗、传销等多种违法犯罪行为，引起了大量影响社会稳定和金融稳定的事件发生。因此，自 2017 年 9 月 4 日以来，我国监管机构连续出台了相关监管要求，限制和禁止 ICO、虚拟资产、虚拟货币交易、挖矿等行为。但在各级部门推广宣传区块链技术的过程中，虚拟货币活动又有抬头迹象。为进一步加大防控力度，2019 年 11 月底，人民银行上海总部、深圳市地方金融监督管理局、北京市地方金融监督管理局密集发文，再度强调要对辖内虚拟货币业务活动进行持续监测，一经发现立即处置，打早打小，防患于未然。

事实上，区块链更应该理解成"传递信任的机器"，这也是让

第三章
聚沙成塔：分布式商业的七大核心要素

联盟链技术发挥作用、支持实体经济产业发展的合规思路。在一个商业系统中，如果有具有可信力的机构如大型企业、银行、司法机构、政府部门等参与其中，并且系统中有方便各方检验交易的手段，那么各个参与方对交易的信任度就较高。比如在货币流通系统中，由于发行货币的中央银行和存储、放大货币的商业银行都是可信机构，流通货币上有各种防伪标识，人们对现钞的信任度就比较高。同样，在联盟链中，由具有公信力的节点参与交易验证和打包，各个节点都能看到公信力节点的背书，交易就能获得信任。与之相比，绝大多数私人机构发行的加密代币缺少这样的可信机构背书，无法真正让人们信任其可持续性。

当将区块链技术应用到现实商业场景中时，我们仍需引入现实中的可信机构的背书或认证，以实现链下信任到链上信任的传递。因此，根据具体业务场景的不同，联盟链技术本质上是在传导金融机构、核心产业企业、监管机构、司法机构、政府部门或行业团体协会等本已具备的信任，而区块链技术可以让这些信任的传递过程更加可信、安全、高效、深入、低成本。

如今，基于公有链技术路线的虚拟货币已经日暮途穷，而注重传递信任的联盟链技术近年来逐渐发展成熟，并承接起区块链赋能产业发展的重任。

值得一提的是，区块链技术自身特有的共识机制和激励机制在多方参与场景下能极大地促进参与方自发协同工作，从而创造更大的商业价值和外部效应。区块链能够在网络中建立点对点之间可靠的信任，使得价值传递过程去除了中介的干扰，既公开信息又保护隐私，既共同决策又保护个体权益，这种机制提高了价值交互的效率并降低了成本。区块链的诞生，标志着人类有机会构建真正意义上的分布式商业。

例如，区块链政务应用有助于实现让老百姓少跑或者不用跑的目标；区块链司法应用有助于降低大众或小微企业的仲裁成本，提升仲裁效率；区块链溯源应用则有助于让老百姓吃上更放心的食物；基于区块链的各类金融应用有助于解决实体经济融资难、融资贵的问题；区块链发票应用则有助于让大众免去频繁贴发票的烦恼。未来，区块链或将在与老百姓息息相关的衣食住行乃至精神文明方面发挥作用，例如区块链社会治理应用将有助于弘扬善行，优化社会治理模式，助力实现人类文明的可持续发展目标。

延伸阅读

区块链的细分技术定义[①]

● 块链式数据结构（chained-block data structure）：一段时间

[①] 资料来源：中国区块链技术和产业发展论坛团体标准《区块链参考架构》。

第三章
聚沙成塔：分布式商业的七大核心要素

内发生的事务处理以区块为单位进行存储，并以密码学算法将区块按时间顺序连接成链条的一种数据结构。
- 共识算法（consensus algorithm）：区块链系统中各节点间为达成一致采用的计算方法。
- 摘要算法（digest algorithm）：又称摘要函数（或 Hash 函数），通常通过将任意长度的消息输入变成固定长度的短消息输出来保障数据的完整性。
- 智能合约（smart contract）：以数字形式定义的能够自动执行条款的合约，在区块链技术领域，智能合约特指基于预定事件触发、不可篡改、自动执行的计算机程序。

从应用效果看，区块链技术可以在分布式商业中发挥以下关键作用。

第一，分布式多方合作。该项优势主要由区块链系统中的共识机制、对等网络等功能组件来实现与保障，包括能够进行对等的点对点之间的高效安全通信，多个节点同时参与共识和确认，确保有相同账本记录的各节点的数据一致性等。此外，还能够构建分布式对等的底层拓扑结构，实现数据分片及路由处理，提高弹性扩容及容错容灾等能力。

第二，可信数据记录与存证。该项优势主要由区块链系统中的加密、账本记录、数字签名、共识机制、隐私保护算法等功能组件来实现与保障，包括可抵御密钥被破解，支持持久化存储事务记录，支持多节点拥有完整、一致且不可篡改的数据记录，以及防止非法控制的节点在账本中进行信息记录等。

第三，全流程追溯。该项优势主要由区块链系统中的账本记录、摘要等功能组件来实现与保障，包括可以验证数据明文是否被篡改，支持多节点拥有完整、一致且不可篡改的数据记录等。

第四，智能执行合约逻辑。该项优势主要由区块链系统中的共识机制、智能合约等功能组件来实现与保障，包括在达成共识的前提下对交易和事务进行有效性验证和记录，或将资产转化为以计算机代码形式定义的承诺，或当条件型协议被触发时区块链系统自动执行该协议。

这些优势使得区块链技术能够有效地存证数据、追溯数据，保证数据上链后的可靠性，并且能够让数据在参与各方之间安全可靠流转，构建起一个强大的分布式数据账本。随着这个账本变得安全可信，加载在数据之上、由这些数据代表的信息和信任也能在所需各方之间传递。最终，这有助于分布式商业系统中的各方在高度信任的基础上快速达成各种共识，提升商业效率。

特别是在应用边界上，区块链技术不止于自身的能力，它可以与其他新兴技术融会贯通。例如，区块链与大数据技术结合，可让采集、交易、流通，以及计算分析的每一步记录都留存在链上且可全生命周期追溯，使得大数据的质量获得信任背书，同时还有助于促进大数据相关的多个参与方有效协作，拓展联合对账、联合风控或联合审计等场景，打破数据孤岛现象；区块链与物联

第三章
聚沙成塔：分布式商业的七大核心要素

网、边缘计算、5G 等技术结合，可促进可信的产品溯源和流通，物联设备的服务效果也有迹可循；区域链与人工智能联邦学习技术结合，可促进多部门的可信数据交互与合作，实现在无须交换数据的前提下训练算法和模型，并能对训练的效果进行可信的验证；区块链与云计算技术结合，可实现更健壮的分布式架构和更易扩展的多链跨链场景。

延伸阅读

公众联盟链[①]

公众联盟链（open consortium chain）是一种面向公众开放、公众能够接入享受其服务的联盟链。它的属主以及运营方是联盟本身，通过链实现信息以及价值的交换，基本骨架仍然是企业、政府等机构组成的链条。但是，公众联盟链有两个重要特征。

第一，可以是由单个或多个联盟链条所组成的区块链商业应用生态圈，系统中各个不同的链条通过跨链通信来沟通，有利于不同行业、不同区域、不同性质的机构按照各自需求和特点融入生态

---

① 资料来源：https://mp.weixin.qq.com/s/OVWckPDU-OJpr4Lk4A7f9Q。

圈。"多链条"的特征加强了整个系统所能提供服务的多样性、合规性、可扩展性，并且能支持处理海量交易。

第二，公众通过公开网络上的特定接口，可以便捷地访问这个联盟链生态圈，获得它提供的服务，这个特征是联盟链走向公众的关键一步。公众联盟链将服务公众作为联盟链应用的基本使命和落地程度的重要判断依据，要努力让公众能够享受到区块链的应用。当公众融入联盟链网络的程度越深、使用越方便时，公众联盟链的应用才越成功。

在"联盟治理、多链并行、建构生态、触达公众"的理念指导下，公众联盟链大力提倡政企机构联合提供公共服务，提升机构间的协同效率，以及提升公众体验、降低公众成本和风险。

物联网与边缘计算技术

物联网是让一系列具备独立功能的普通物体通过互联网、传统电信网等载体互联互通的网络。机器、设备、家电、汽车等物体通过电子标签、传感器等方式连接到物联网上，人们就可以对它们进行精准定位、集中管控。在此过程中，人们能收集一系列关于物体的位置、状态、外部感知等数据，并对其进行分析，进而改变实体社会。通过物联网，新一代 IT 技术就能充分运用到交通、能源、建筑、公用事业等各行各业之中的基础设施载体中，

第三章
聚沙成塔：分布式商业的七大核心要素

整合物理社会与互联网数字空间。由此，人们可以用更加精细、智慧的方式管理生产和生活资源，提高效率。

边缘计算是在靠近数据源头的网络边缘侧直接进行数据存储分析的计算方式，就近提供本地化的智能服务。它进一步提升了物联网的智能化水平，特别适合对低时延、高带宽、可靠性具有高要求且高度重视本地数据安全和隐私保护的应用场景。

如果将同为分布式技术的区块链、物联网以及边缘计算进行结合运用，将为分布式商业提供良好的底层技术基础设施，带来以下革命性的发展。

- 第一，边缘计算能让物联网设备真正"活"起来。它让设备不仅具有简单的数据采集传输功能，还能提升智能分析计算水平，不再需要通过数据回传云端，从而大大改善响应的时效性，弥补传统物联网下的云架构缺点，即使在网络条件不好的情况下，也能完美地串联起各种各样、数量庞大的终端设备，大大扩张了物联网的物理覆盖能力。
- 第二，增强数据隐私保护，提升数据应用价值。边缘计算和物联网设备数据能够通过区块链进行完整记录，届时，设备接入、数据上传的贡献都可得以确认，也能通过加密算法和匿名性保护数据隐私。
- 第三，打破物联设备的数据孤岛困局，安全充分地共享物联设备产生的海量数据，让数据在流通和交易过程中产生价值，衍生更多创新商业模式。建立在物联网上的数据生态体系得以成形，人们可以从链上合法合规地获取所需数据进行分析。

分布式商业时代的激励：动力、机制和可行性

在分析完七大生产要素以分布式形态进行重新组合之后，我们发现，分布式商业之所以有可能替代集中式商业，是因为各种数字信息技术从技术侧推动了新商业模式萌芽的产生。这个原因固然重要，但我们还需要回答一个问题：从商业角度统合上面的分析，究竟是什么样的共同的内在动力拉动着模式的转换，激励着生产资源从集中式走向分布式？

这个激励因素就是集中式商业越来越难以平衡生产要素的边际成本和边际收益，集中的边际成本难以抵消其边际收益，社会产出总剩余不能最大化。前述展现的各种要素在集中式下的问题，都是如此。比如集中式劳动所带来的通勤成本、租金成本日益高昂，反而不如在家远程协作；集中式资金配置可能难以将资金引导到高风险但确实有社会意义的需求者手中，社会福利难以增长；集中式的管理组织响应不足，无法跟上市场快节奏变化。

事实上，在战略管理学领域，根据艾迪斯·彭罗斯（Edith Penrose）提出的"资源基础理论"（resource-based view），各种生

第三章
聚沙成塔：分布式商业的七大核心要素

产要素会流向中心的企业。如果内部有未利用的资源，企业天性上就有了对外扩张、多元化发展的冲动，以实现未利用资源的高产出。① 从财务上，这就表现为企业要不断提高净资产收益率（ROE）或资本回报率（ROIC）等。② 但事实上，企业的扩张有自己的边界，成长速度受到成本、内部知识增长和监督管理能力的约束，而且依赖于企业文化和管理凝聚力的维持，当凝聚力维持不了内外部的压力时，企业的转折点就到来了。所以，企业的多元化往往并不成功，甚至备受争议。③

如果分布式商业模式并不强调生产要素的中心化，而是让资源适度合理地分散在不同的、弱中心化的市场上，生产要素匮乏者就能用有限的生产要素创造出更大的边际产出，原本要素过度富集的企业也能恢复较高的边际产出率。于是整个社会的净边际收益和总剩余更大，从而实现帕累托改进。

分布式商业不仅通过生产要素的适度分散化提高了各方的边际产出，还通过鼓励各方加强对外合作，让生产要素流动、分享

---

① Penrose, Edith Tilton. 1995. The Theory of the Growth of the Firm. 3rd ed. Oxford University Press.
② Koller, Tim, Marc Goedhart, and David Wessels. 2015. Valuation: Measuring and Managing the Value of Companies. 6th ed. John Wiley & Sons.
③ Montgomery, Cynthia A. 1994. "Corporate Diversification." Journal of Economic Perspectives 8 (3): 163 – 78. Mackey, Tyson B., Jay B. Barney, and Jeffrey P. Dotson. 2017. "Corporate Diversification and the Value of Individual Firms: A Bayesian Approach." Strategic Management Journal 38 (2): 322 – 41.

起来。通过不同要素的有机交换重组，合作方就有可能从中挖掘出创新机会，进一步提高全社会的边际收益。

认可了分布式商业的动力，下一个很重要的问题就是如何建立"生产要素由市场评价贡献、按贡献决定报酬"的机制。由市场评价贡献、分配报酬是一个商业模式可持续运转的基本要义，只有按照生产要素贡献做好分配，要素的新组合方式才能稳定下来。分布式商业模式恰恰在激励问题上相比集中式商业模式具有重要改善。

报酬的分配本质上是一个商业治理问题，也是一个社会治理问题。它需要解决3个问题：第一，为什么在分布式商业模式下，激励机制更简单、效果更好地促进各方互信协作？第二，为了激励分布式商业，在技术层面如何准确地度量和记录各方的要素贡献？第三，在分布式商业中，在技术测度不适用的情形下，如何让评价机制更加公正，有信服力？这3个问题从机制和技术角度回答了分布式商业激励模式的有效性和可行性。

第一，在机制层面，分布式商业模式中激励的核心思想是鼓励协作共赢而不是鼓励博弈。分布式商业的一个主要特征就是激励相容。激励相容机制主要是研究人们在自由选择、自愿交换、信息不完全和决策分散化条件下，能否设计一套制度来达到既定目标。在传统的集中式商业模式里，信息和资源被集中管理，参与方的地位并不平等，信息并不完全透明，在这种情况下的各自决策就具有了博弈的意味。比如，劳动方会掩盖自己的真实产出

第三章
聚沙成塔：分布式商业的七大核心要素

水平、夸大自己的付出来获得报酬，求职者会掩盖自己的真实能力来求得高工资。因此，在存在道德风险的情况下，如何保证拥有信息优势的一方（代理人）按照契约另一方（委托人）的意愿行动，从而使双方都能趋向于效用最大化，就需要设计一套复杂的函数模型，让代理人在模型下表现出真实意图，委托人根据真实意图能相应设计激励，确保对方的行动能达到二者利益的帕累托最优。

在分布式商业模式中，每个参与方都有着自身的利益诉求，但分布式商业模式为大家提供了一套共同认可的规则、度量和记录方法，以及公开透明的要素贡献信息、集体共识的决策机制。这样的机制就会产生两个优点。其一，在这样的模式中，传统商业模式的复杂激励相容所基于的前提条件——不完全信息、分散决策——被减轻到尽可能小，各方在一个透明开放的协作体系下，不再需要复杂的函数模型来引导彼此表达出真实意图。在分布式商业的形态下，分配不再由中心化的主体来决定，整个价值网络中的合作伙伴都有权利根据既定的规则，根据各自的要素贡献，按照公开、公平、公正的方式获得报酬，使行为主体追求自身利益的行为与集体利益最大化相符合。其二，分配规则透明合理、保障有力之后，只要蛋糕有增量空间，参与各方就会努力合作去争取增量，做大蛋糕，不会拘泥于纯粹争夺现有存量，整个商业联盟就有了强大的生命力。

第二，在技术层面，各项分布式技术能够提供非常有效的投

分布式商业

入产出计量手段。为了说明这个问题的意义，我们先看一下研究交易成本和博弈的新制度经济学大师阿门·阿尔奇安（Armen Alchian）和哈罗德·德姆塞茨（Harold Demsetz）在 50 年前发表的一篇代表性论文。[1] 新制度经济学认为，市场和企业都是反映信息、协调生产的组织关系。相比市场组织，企业的优点在于订立了监督和考核绩效的契约。在团队合作生产中，要计量投入的生产率比较困难，成员会偷懒，而且偷懒的私人成本和团队因此损失的成本不相称，所以需要计量产出并获取最后剩余价值的监督者。企业的意义就是通过严格的契约，来计量和考核组织各种生产要素投入的产出率，从而减少私人的投机主义行为。

　　但分布式技术的应用有可能以更高效的方法做到测量考核。物联网、边缘计算设备、生物识别设备、音视频和通信设备等能有效采集和记录要素贡献；云服务和大数据平台可实现对采集到的要素贡献进行有效存储治理；联邦学习技术可以融合多个数据源，在保护隐私和数据安全的前提下，计算各自贡献；区块链技术将所有数据信息可靠存储，方便各方达成共识。比如在智能制造场景中，工厂通过传感器实时采集设备运行参数，例如运行时间、运行速度、生产效率、振动、湿度、温度等，然后将这些数据传输到云端，经处理后生成设备利用率、产品质量变动率等信

---

[1] Alchian, Armen A. and Harold Demsetz. 1972. "Production, Information Costs, and Economic Organization." American Economic Review 62（5）: 777-95.

第三章
聚沙成塔：分布式商业的七大核心要素

息，所有的数据分析结果在面板上直接呈现给员工，给出行动建议，并记录在案，作为员工绩效考评的依据。

第三，在成果无法用技术测度的商业场景中，分布式商业模式将评价权直接交给每个用户，真实、可靠地记录用户的评价。在主观性较强的贡献测度场景中，技术就不适用，要依靠人来考评。在传统的企业中，员工的绩效依赖上级的考评；企业的服务质量往往由一些所谓的第三方调研机构来考评，但指标是否合理、考评结果是否准确，不得而知。

在互联网经济中，已经出现了将评价权交给用户，完全由用户评分来计算服务和产品质量的机制。淘宝用户"好评"打分机制、大众点评打分机制等都是典型例子。许多公司开始采取"净推荐值"（Net Promoter Score，简写为NPS）评估方法，即采取口碑评价法，追求顾客的忠诚度，专注于顾客口碑如何影响企业成长。在知识付费和自媒体时代，读者自行"打赏"成为更新颖、更准确的评价机制，用户真金白银的打赏要比打分更有说服力。

引入区块链等分布式技术后，用户的评价能被如实记录在案，被评价商家和平台企业无法篡改，实现了用户评价的可靠性。而且，当评价采取适当的匿名技术后，用户不用再担心打差评而被商家报复，评价的真实性，即反映用户的真实态度，得以保证。不过，匿名之后也可能出现故意造假打分的行为，比如竞争对手会雇用"网络水军"蓄意抹黑，但这就需要用其他手段来配合追踪此类行为，类似于"反欺诈"。

第四章

顺势而谋：分布式商业时代的竞争战略

从农业时代、工业时代到信息时代，技术变迁一直是组织发展的核心驱动力之一，当技术变迁降临到组织头上时，企业的命运便出现分化。大部分企业被技术变迁扫入了故纸堆，它们往往曾是技术雄厚、资源丰富的企业，努力在技术变迁的时代维持自己既有的竞争优势，却最终失败，柯达公司和诺基亚就是典型案例。即使在近十年内，建立在 PC 互联网基础上的一部分互联网公司也因为没能抓住移动互联网的红利而掉队。这些公司在曾经的技术时代拥有自己的核心竞争力，试图用核心竞争力建构起牢固的市场份额和护城河，但事实上却把自己困在过去，导致了毁灭性结果，因为市场和技术在变化，过去的核心能力反而成为阻碍企业建立、延展现有能力的"核心惯性"（core rigidity）。[1]

不过，总有一些企业主动调整自己现有的经营战略和产品品类，甚至断臂求生，去研究一些改变现有产业标准、代替现有产品、进入全新市场的技术，从而取得了成功。比如日本精工手表 Seiko 曾在机械表市场上具有一定竞争力，后来主动进入石英表市场，打开了

---

[1] Leonard-Barton, D. (1992). Core capabilities and core rigidities: A paradox in managing new product development. Strategic Management Journal, 13 (S1), 111 – 125.

新局面;[1] 腾讯在 PC 互联网向移动互联网转型的时刻,不拘泥于原有的"社交霸主"QQ 产品,推陈出新,力捧微信,从而一举奠定移动互联网时代的历史地位;英特尔早期优势在存储器,后来将稀缺的制造资源从存储器业务转移到新兴的微处理器业务。[2]

在市场、技术以及制度的驱动下,企业的商业战略、结构、技巧、文化等随时间的推移而演变。分布式商业作为信息时代下生态型商业模式的新兴形态,在区块链、人工智能、云计算、5G 等一系列新技术的支持下初露曙光。面对这样的范式转移,每个有意拥抱分布式商业的企业组织应该如何变革自己、重构战斗力?这需要从 3 个维度出发:第一,定期审视和调整适应新战略和结构;第二,定期打破、推倒现有的成功安排来重构组织,以反映出技术的动力变迁;第三,既要学会在原来产品和技术上进行深入挖掘,也要学会去探索新产品和技术,通过这样的"双重灵活性",适应下一波技术浪潮。[3] 下文将详细阐述这 3 个维度

---

[1] Tushman, M. L., & Smith, W. (2002). Organizational Technology. In Blackwell Companion to Organizations (pp. 386 – 414).

[2] Burgelman, R. A. (1994). Fading memories: A process theory of strategic business exit in dynamic environments. Administrative Science Quarterly, 39 (1), 24 – 56.

[3] Tushman, M. L., & O'Reilly, C. A. (1996). Ambidextrous organizations: Managing evolutionary and revolutionary change. California Management Review, 38 (4), 8 – 30.
Tushman, M. L., Anderson, P. C., & O'Reilly, C. A. (1997). Technology cycles, innovation streams, and ambidextrous organizations: organization renewal through innovation streams and strategic change. In P. C. Anderson & M. L. Tushman (Eds.), Managing Strategic Innovation and Change (pp. 3 – 23). Oxford: Oxford University Press.

第四章
顺势而谋：分布式商业时代的竞争战略

的重构策略。

重构边界，拥抱开放战略

在分布式商业模式中，参与的多方构建了价值共同体，形成了共生形态，这是商业模式得以建立的基础，对于参与在其中的任何一方来讲，都从原本以自我为中心的闭环生态走向了更大的边界。它指向企业战略研究的一个根本性问题：企业的边界在哪里？[1]

现代企业的竞争边界在不断模糊，不断流动，迫使企业战略也必须持续适应性地去调整，否则就会陷入非常危险的境地。在创新管理领域，有两类创新：一是延续性创新（sustaining innovation），二是颠覆性创新（disruptive innovation）。[2] 企业在延续性创新中保持领先地位，并不会对市场竞争格局产生重大影响。在延续性创新中，技术的跟随者能够表现得和技术领先者一样出色。但是在面对破坏性创新时，先进入市场的创业企业可以建立起巨大的先发优势。这就是"创新者的窘境"。事实上，几乎所有的大企业都会错过那些颠覆性的创新，而这些颠覆性的创新一旦出现

---

[1] Coase, R. H., 1937. The nature of the firm. Economica 4, 386–405.
[2] Christensen, C. M., 1997. The Innovator's Dilemma: When New Technologies Cause Great Firms to Fail. Harvard Business School Print, Cambridge, MA.

之后，一个巨大的堡垒就会轰然倒塌。这里最让人们唏嘘的，就是诺基亚被微软收购以后，诺基亚总裁在发布会上说的那句话："我们没有做错任何事，但是我们真的失败了。"从诺基亚的角度来看，他们所做的所有管理都符合商业的规则，他们所做的所有决策都符合利润最大化的原则，但在苹果的进攻之下轰然倒塌。除了诺基亚之外，柯达错过了数码相机，而数码相机是他们发明的；贝塔斯曼曾经运营全球最大的书友会，却被新的零售方式亚马逊所颠覆。

无法防备的竞争对手冷不丁地冲到了自家门口，且高喊着"消灭你，但与你无关"的口号，企业的边界似乎再也不像以前那样清晰了。在一些企业家和学者看来，商业世界有两种游戏：一种是有限的游戏，一种是无限的游戏。有限的游戏，其目的在于赢；无限的游戏，旨在让游戏永远进行下去。[1] 有限的游戏在边界内玩，是存量博弈，而无限的游戏玩的是边界。我们迫切需要转换游戏观，即从有限的游戏转向无限的游戏。

事实上，关于企业的边界，有一个企业设计的三度空间理论（见图4-1），[2] 从焦点企业（focal firm）出发，自下而上分别是：

● 第一度空间，以企业为中心的战略空间，关注企业的内部

---

[1] Carse, J., 2013. Finite and Infinite Games. Free Press.
[2] 魏炜，王冠霆. 金融科技公司的商业模式再造 [J]. 北大金融评论，2020，2: 54-58.

第四章
顺势而谋：分布式商业时代的竞争战略

利益相关者和客户。在这一空间内，企业以产品为中心，或以客户为中心，通过良好的业务交付获得盈利。

- 第二度空间，以商业生态系统为中心的商业模式空间，关注外部和内部利益相关者因交易而形成的聚合体，也就是商业生态系统，被称作商业模式空间。
- 第三度空间，以商业生态群为中心的共生体空间，要更深刻地规划如何在同行业生态系统的集合中谋求定位与合作，提升企业价值。在共生体空间中，多个共生组合可能在跨行业的商业生态系统中存在。

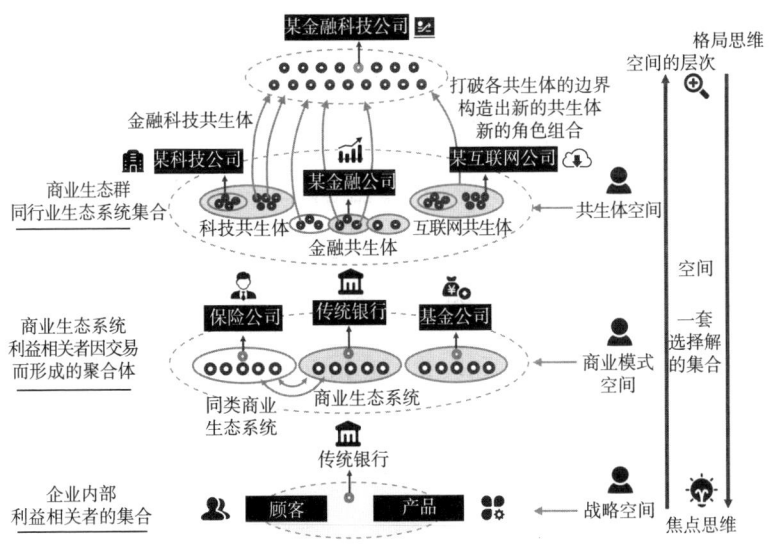

图4-1 以金融行业为例，企业设计的三度空间

三度空间理论启示我们，作为生态型商业模式的一种，分布

式商业需要将自身边界彻底打开，讲究多方参与、跨界合作、智能协同，追求价值整合、共享资源、共赢收益，持续扩大生态圈。企业在战略上应朝着这个方向去重构，树立"开放战略观"。

打造开放战略观

类似三度空间的划分，开放战略观由 3 个方面的战略支点构成：开放平台（open platform）、开放创新（open innovation）、开放协同（open collaboration），简称"3O 战略"。

第一，充分整合利用现有资源，打造产品和技术的开放平台，让外界客户和合作伙伴能够使用平台，并在此过程中丰富平台，实现共赢。在软件行业和网络中，开放平台是指软件系统将源代码封装为 API 后对外公开，外部系统就能够通过接入 API 来获得该软件的功能或使用其资源，但无法修改源代码。互联网时代，网站的服务也能够按照同样原理被封装成 API，供第三方开发者接入使用，这种模式就叫作"开放 API"，提供开放 API 的平台就被称为开放平台。平台是撮合供需双方交易产品、技术和服务的接口，也可以提供给其他企业开发建立产品和服务的模块（building block）。[1] 因此，

---

[1] McIntyre, D. P., & Srinivasan, A. (2017). Networks, platforms, and strategy: Emerging views and next steps. Strategic Management Journal, 38（1），141–160.

第四章
顺势而谋：分布式商业时代的竞争战略

平台从本质上就蕴含了"双向开放"的理念。一方面，企业将自身的产品和技术放到平台上，"以我为主"，供客户和伙伴进入采用，分享收益；另一方面，企业主动地走进客户和伙伴的业务场景中，"以彼为主"，将平台的产品和技术嵌入其中，与客户、伙伴互相依赖，成为共生经济体。

第二，开放创新目前已成为科技创新行业的主流理念之一，科技巨头如微软、谷歌等，都在积极推行开放创新的概念。[1] 开放创新是与传统观念中的封闭创新相对立的新模式。传统的思想认为，企业要想在市场中赢得竞争，必须具备技术上的独占优势，以保密式的自主研发来取得公司的竞争优势，而这种模式一般被称为封闭创新。与之相对，开放创新强调，除了公司内部，有价值的创意及其商业化路径可以从外部获得和进行。在这种模式下，企业边界是可以渗透的，即企业可以从外部获得所需资源，知识的流动和扩散都是相对开放的。简而言之，就是指知识的内部以及外部流动，其目的是为了促进创新。[2] 若不依托于市场已有的技术与业务积累，一家公司很难研发出所有的技术，一个产品也很难完全脱离与其他产品的合作或竞争而发展。在开放创新环境下，企业的技术创新打破了简单的线性过程，是一个与不同利益

---

[1] Chesbrough, H., 2003. Open Innovation: The New Imperative for Creating and Profiting from Technology. Harvard Business School Press, Boston, MA.

[2] Chesbrough, H. (2003). Open Innovation: The New Imperative for Creating and Profiting from Technology. Boston, MA: Harvard Business School Press.

主体和组织（用户、供应商、竞争者、非相关企业、大学、研究机构、咨询公司、政府等）互相反馈的复杂机制，具有较高的难度，因此需要企业打开思路，用开放创新的思维来制定整个战略。

第三，构建开放协作的生态。未来的商业模式将越来越走向分布式和专业化，众多商业联盟将按照分布式商业模式协作。协作的含义有两重。一是数据和技术协同分享，为此要制定合适的数据、技术分享战略，确定既能让合作伙伴、客户等利益相关者使用必要的数据和技术，又能保障一定的隐私和数据安全，最好还能在此过程中利用 API、云计算等得到伙伴、客户的数据反哺，在开源共享中提升自己的技术能力，在数据共享中改进业务流程、业务规则和算法，创造出协同效应。二是业务互补合作，在合作过程中不能一味追求自己利益最大化，也不能因为自己实力强、资源多而多切蛋糕，应该遵循平等互惠的原则，彼此分享业务资源，甚至多奉献、多让渡一部分显性利益给伙伴和客户，换取更有意义、更可持续、更有潜在价值的回报。通过数据、技术和价值的共享，企业将与其他商业参与者提供自身的专业化能力，形成完整的产业链条，共同建设生态的基础设施系统，共同分担成本与收益，实现价值在产业网络、供应链上的整合与优化配置，促进各个成员的可持续发展，这是分布式商业的重要目标。

以微众银行为例，作为国内首家互联网银行，在 2018 年 12 月

第四章
顺势而谋：分布式商业时代的竞争战略

提出了基于 3O 体系的开放银行战略（见图 4-2）。

图 4-2　微众银行基于 3O 体系的开放银行实践

在开放平台领域，微众银行自成立以来先后推出了基于二手车买卖场景的微车贷服务，以及基于线下商超购物场景的智慧零售业务合作，用户无须前往银行网点，打开银行 App，即可享受便捷的银行服务。此外，微众银行还推出了"微动力"理财超市，将自身的理财产品通过 SDK 集成于合作银行 App，为合作银行用户提供更丰富的产品选择。由此，银行成为场景背后的创新者。

在开放创新领域，微众银行积极探索，采用开源、授权等形式，将自己的技术能力、知识产权开放给合作伙伴，合作伙伴在授权基础上探索创新，可以避免"重复造轮子"，微众银行也成为技术社区背后的创新者。微众银行与万向区块链等联合推出的 BCOS（BlockChain Open Source）区块链开源平台就是典型的尝试。此外，微众银行还与多家金融机构和科技公司联合发起成立了深圳市金融区块链发展促进会（简称"金链盟"），并与金链盟的开源工作组成员共同研发了 BCOS 的金融分支版本 FISCO BCOS。通过技术开源和社区建设，FISCO BCOS 生态已逐渐成形，目前已有

分布式商业

数百个应用落地,社区成员和开发者扩展到了数千名,连接和服务的企业遍布各个行业。创新应用层出不穷,不仅在支付、对账、清结算、资产证券化、供应链金融、征信、场外股权市场等金融领域,甚至在司法存证、文化版权、娱乐游戏、社会管理、政务服务等非金融领域也涌现了多个商业级应用,突显了社区创新的蓬勃生机。

在开放协作领域,微众银行连同其他生态参与者,将成为生态背后的创新者,在不断的融合中创造新的商业生态。以分布式零售场景为例,零售商之间在相互竞争的同时也存在互补性,他们可以通过分布式商业模式来共享资源、协同发展、实现价值交换,由此形成商业联盟。对于消费者来说,可以通过商业联盟享受到更多商户的资源;对于经营者来说,尤其是中小商户,结盟的门槛将大大降低,获客的资源及渠道将大大拓宽。银行在这其中则可为他们提供金融服务,如清结算能力、账户能力、风险管理能力等。在这个生态中,每个参与者各司其职,共同为消费者提供服务,同时也在协作中不断碰撞出新的商业模式。

现代管理学之父德鲁克有一句名言:"动荡时代最大的危险不是动荡本身,而是仍然用过去的逻辑做事。"未来已来,新范式下的企业边界将变得更加模糊,企业唯有走向开放,主动构建价值共同体,围绕用户重塑价值链,使价值链各个环节及各个参与方共享资源,兼容各方利益并实现整体价值最优,才能在激烈的市场竞争中生存下去。

第四章
顺势而谋：分布式商业时代的竞争战略

呼唤敏捷组织

企业的组织管理是决定企业战略能否落地、组织是否有凝聚力、竞争力能否保持的最重要因素之一。在企业外部，分布式商业模式将改变传统商业模式的运行规则，那么在企业内部，我们应该重构一个什么样的组织形式来适配这种新的商业形态呢？

斯坦利·麦克里斯特尔（Stanley McChrystal）是美国陆军四星上将，曾任美军驻阿富汗以及国际安全援助部队的联合参谋部主任和特种作战司令员。他将联合特种作战司令部打造成为可在全球迅速展开小规模战斗行动的组织。他曾经描述了美军在伊拉克战争后期面临的困境，并据此发展出更好的组织形式。[①] 那时候，美军有严密的层级组织和完善的层级协调指令体系，习惯于通过总结反思再进一步决策；而恐怖分子的组织则完全不同，他们表面上松散，没有严谨的组织架构，但实际上可以在没有指挥的情况下三五成群，保持高度的灵活性，随时发动多样化的恐怖袭击，让笨重的美军措手不及。因此，美军损失惨重。

战场如此，商场亦如此。一方面，在数字化社会中，市场竞争错综复杂、瞬息万变，客户需求日趋个性化，企业面临着巨大

[①] McChrystal, S. et al., 2015. Team of Teams: New Rules of Engagement for a Complex World. Portfolio.

挑战。正如北京大学国家发展研究院陈春花教授所言，"今天组织的最大挑战是持续的不确定性、无法判断的未来以及万物互联的深度彼此影响"，在错综复杂的新生态下，根本无法进行准确预测。另一方面，分布式商业模式强调各方之间的松散耦合，通过智能技术协同和激励相容的规则来协调各方合作，鼓励每个参与方自下而上的创新，更有利于商业联盟高效灵活地响应产业环境的快速变化。这势必要求企业内部各职能间形成新的组织关系，而传统的前中后台设置和科层制组织以及中心化的组织网络根本无法适应这样的节奏。凡此种种，都在驱动企业内部组织形式的变化。

我们看到，为了应对不确定性，组织日趋复杂化的同时，呈现出组织机构扁平化、组织关系网络化、规模组织灵活化，以及组织边界柔性化的趋势。对于拥抱分布式商业模式的企业而言，组织结构同样要适应开放、协作的战略，也应该有一套松散耦合的组织机制来响应外部特征，才能在保持组织核心底层稳健的同时，以更多灵活的组织单元去响应外部多变的环境。[1] 著名的经济学大师弗里德里希·哈耶克（Friedrich Hayek）指出："关于变化的知识，从来没有被集中过。每当发生变化，总有个别的人在某个局部感受到了变化。而这些关于变化的知识，永远没有办法集

---

[1] Scott, W. Richard, and Gerald F. Davis. 2007. Organization and Organizing: Rational, Natural and Open System Perspectives. Englewood Cliffs, NJ: Prentice Hall.

第四章
顺势而谋：分布式商业时代的竞争战略

中在一个大脑里面"。① 他认为，社会经济问题就是如何将分散在人群中的知识碎片整理利用起来，以确保社会中每个成员的知识资源得到最优利用，这就是组织的功能。所以，面对瞬息万变的商业竞争和奔涌的海量信息，公司的管理者通常难以最快做出明智的决策，需要依赖分散的、在前线作战的员工来灵活应对。任正非曾经说过，"要让听到炮声的人呼唤炮火"，就是这个道理。这些趋势和理念的背后，指向一个共同的应对方案：敏捷型组织。

什么是敏捷型组织？如何打造敏捷型组织？麦克里斯特尔给出的答案是：将集中化军事集团变为小规模特种部队作战单元；通过高度可视化的战略形势迅速做出科学决策；持续的反馈和调整。

这3点实际上不仅适用于战争，也非常适用于商业领域。敏捷型组织的核心要旨就是构建小团队组成的大团队（team of teams）。未来，敏捷性将是分布式商业模式成功执行的组织基础。建立敏捷型组织，梳理纵向条线隔阂，打通横向关节，打造一个个类似创业团队的自包含组织或跨职能组织，这样的扁平化网状结构有助于缩短决策链，灵活地开展产品创新。敏捷型组织能够快速响应，赋能于行动，并使行动变得容易，它们的反应就像生物体一样，因此，战略咨询公司麦肯锡也将敏捷型组织称为"生物型组

---

① Hayek, Friedrich A. 1945. "The Use of Knowledge in the Society." American Economic Review 35 (4): 519-30.

织"(见图 4-3)。

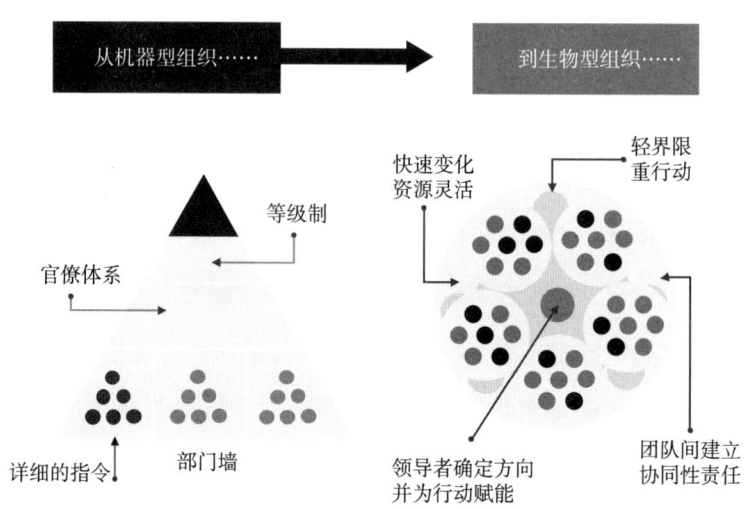

图 4-3 从机器型组织到生物型组织

资料来源:魏炜和王冠霓在《北大金融评论》2020 年第 2 期上发表的《金融科技公司的商业模式再造》一文。

敏捷型组织在谷歌、苹果等世界知名领先企业中都得到了实践。谷歌认为,未来组织的关键职能就是聚集一群聪明的"创意精英",快速地感知客户需求,愉快地、充满创造力地开发产品、提供服务。[1] 创意精英们不需要管理者发号施令、严格管理,只需要组织营造出合适的氛围和支持环境,就能自下而上地让创新涌现。有人曾经问乔布斯:"在你一生中创造的所有东西里,最令你骄傲的是什么?"令人惊讶的是,他的答案不是 Mac、iPhone 和

---

[1] Schmidt, E., Rosenberg, J., 2017. How Goolge Works. Grand Central Publishing.

第四章
顺势而谋：分布式商业时代的竞争战略

iPad 这些改变世界的产品。他的回答是："这些产品都是协同工作的产物，最令我自豪的东西是我所打造的团队。"

现在，各行业都在探索如何打造敏捷型组织。以微众银行为例，结合敏捷型组织的理念和银行业的合规管理要求，其科技团队打造了基于集中管控的分布式组织管理形式，构建了扁平化管理的"敏捷团队"（见图4-4）。

	基础科技产品部	企业及同业科技产品部	贷款科技产品部	存款科技产品部	……
信息安全部	●	●	●	●	●
科技管理部-合规管理	●	●	●	●	●
科技管理部-财务企划	●	●	●	●	●
科技管理部-科技运营及工具	●	●	●	●	●
科技管理部-项目与架构管理	●	●	●	●	●
科技管理部-测试管理及工具	●	●	●	●	●
科技管理部-数据治理及工具	●	●	●	●	●

图4-4 微众银行科技组织架构

具体表现为：与信贷、存款、企业金融及同业等业务团队对应，科技条线下设贷款科技产品、存款科技产品、企业及同业科技产品等团队与之对应，每个团队皆自包含科技产品规划、需求管理、开发、测试和运维等职能，团队管理者类似于一个迷你的首席信息官（Chief Information Officer，简写为CIO），有效缩短沟通链条；同时，为了确保合规性和信息安全，科技条线成了独立的科技管理部和信息安全部，通过提供项目管理、架构管理、需求、开发、运维、测试、运维、安全管理、数据治理等覆盖全生命周期的管理工具，实现有效的风险管理，在大幅提升研发效率、实现产品快速上线和迭代的同时，降低了科技风险和操作风险。

管理者的新角色：布道者、风险投资人、园丁

长期以来，管理学认为，企业管理者的认知框架塑造了组织在面对突破性技术变迁时的能力和适应性。[1] 诺基亚的溃败不仅有苹果智能手机崛起的外因，也有中层管理者局限于短期利益的认知错误。[2] 那么，在新的商业范式下，企业需要什么样的管理者？或者，换个角度来说，管理者需要扮演什么样的角色？在回答这个问题之前，还必须理解，前文描述的新型组织中的员工是什么样的人，然后才能理解，新型组织中的管理者需要做出什么改变。

现代企业中的员工往往年轻、有创意、有梦想。在这个数字时代，充满活力的新生代追求个性化，希望思考、学习和成长，渴望有更宏大的目标和更深度的参与，他们没有大公司情结，而是拥有强烈的开阔视野的需求。"长江后浪推前浪"，这代年轻人毫不遮掩地表达对"端装"的上级的不喜欢——"端着领导的架

---

[1] Tripsas, M., & Gavetti, G. (2000). Capabilities, cognition, and inertia: evidence from digital imaging. Strategic Management Journal, 21, 1147–1161.

[2] Vuori, T. O., & Huy, Q. N. (2016). Distributed attention and shared emotions in the innovation process: How Nokia lost the smartphone battle. Administrative Science Quarterly, 61 (1), 9–51.

第四章
顺势而谋：分布式商业时代的竞争战略

子，装着领导的范儿"。同时，在信息爆炸、快速变化的现代社会和商业领域，组织的敏捷性和战略落地更强调依赖于员工个人的发挥。

因此，在新型组织里，组织的作用变为孵化新创意的环境，管理者和员工的关系日益模糊化，二者实际上越来越相互依赖，互相成就。管理者的职能不再是过去的管理、监督、控制和激励，而应该转变思想，赋能员工获得创造力，为具有创新性的员工提供合适的环境和工具，助力他们成就目标和梦想。[1] 员工的创造力则反哺组织，从而让管理者和组织实现目标。在此过程中，管理者的角色不再是司令、监工，或者威严的"老板"，而是转变为布道者、风险投资人、园丁。

管理者的第一个新角色是布道者。"布道"是宗教用语，原意是基督教宣讲教义。在现代组织中，布道者的意义转变为传播商业理念、价值观和企业愿景，提升组织凝聚力。在高度不确定性的环境下，管理者的角色不是控制，他们也无法进行控制，而应该是在纷杂"失控"的环境下确立清晰的组织价值观和愿景，为在混乱中前行的员工点亮明灯，以引导员工自主探索合适的行为。

组织价值观是布道者首要传递的信息。领导者的新角色必须是一个布道者。所谓"道"，就是指企业的价值观、企业的战略选择、企业的未来方向。通过布道，领导者能让员工在多元信息的

---

[1] 忻榕，陈威如，侯正宇. 平台化管理[M]. 北京：机械工业出版社，2019.

冲击下，坚持组织价值观，能够清楚地知道是非。①

愿景对于企业也同样重要。在这个全新的时代，管理者必须学会在产品和组织中嵌入愿景。如果组织设计里没有愿景，不提供与员工共同成长的事业平台，就很难吸引到一流的人才。管理者在激励下属时，要让他们看到在未来的变化中，什么是组织不变的愿景，什么是组织能够带给个人的美好期许。组织所处的环境充满了不确定性，但组织的愿景可以保持不变，良好的愿景能抵御环境和工作的变化，是给下属的镇定剂。②

管理者的第二个新角色是风险投资人。风险投资人之于新型组织，有三重内涵：一是前瞻性的战略预判及独到的投资眼光；二是利益的深度绑定，与创业者共享收益、共担风险；三是充分信任、敢于试错和容错。

对于管理者而言，首先要有经得起考验的前瞻性眼光，既能从员工队伍中慧眼识人，挑选出值得重点栽培的人员，赋能成长；也要当一个个小团队从纷繁复杂的产业趋势中识别出商业机会时，果断做出决策，将组织的资源快速交付给有需要的团队，给团队配备充足的弹药，支持团队抢占市场。其次，建立起增值共享、风险共担的规则，让员工充分发挥自主能动性去做事业，成功了

---

① 参见 https://www.sohu.com/a/224981111_131976.
② Venus, Merlijn, Daan Stam, and Daan van Knippenberg. 2018. "Visions of Change as Visions of Continuity." Academy of Management Journal 62 (3): 667–90.

第四章
顺势而谋：分布式商业时代的竞争战略

与创业团队共享果实，没成功与团队共同承担责任。最后，管理者必须意识到，越是创新的项目，失败的可能性越大，失败是常态，成功可能是少数，因此当团队拼尽全力后，可以宽容他们的失败，努力打造容错和试错的组织文化，鼓励而不是压制组织的创造性。

管理者的第三个新角色是园丁。园丁的作用是合理规划花园，持之以恒地投入水源、肥料等资源，并根据季节的变化精心调节，细心呵护，以便培育出最好的花朵。管理者也要像园丁一样，孜孜不倦并且保持足够的耐心，为员工充分赋能。在充分赋能员工的同时，也要对员工有同理心，维系和谐向上的组织氛围。员工可能会遭遇方方面面的困难，包括生活上的问题，管理者应该像朋友一样，给予员工真切的关怀。这有助于更好地激发员工的积极性。此外，就像园丁要修剪枝叶一样，管理者还要与员工保持开放性的战略对话，时时通过内部高质量的战略检视，或者"门户开放"（open door）等形式调整策略，与员工进行沟通，允许员工进行新试验。管理者的核心职能是塑造互信、共享的团队氛围，而不是自行去做一个个决定。这样的管理者就是园丁式的，关注团队的结构、文化、目标，放开对具体的流程环节的管理。

最后，我们想讨论一个有趣的现象。我们看到，受到互联网公司的启发，越来越多的公司都在打造适合于新型组织的办公空间。需要指出的是，色彩鲜明、功能实用的新型办公空间不仅仅是展现企业文化的门脸，更重要的是如何为员工提供最舒适的办公环境，促进人与人之间随时随地的交流和头脑风暴，让办公室成为催生"好点子"的温室。这才是互联网公司办公室设计的出发点。

适应 Z 世代的产品观

讨论过战略和组织后，需要来思考一下分布式商业模式下的产品观了。今天数字经济和互联网时代的产品具有与传统产品较大的差异。

从需求侧看，现代互联网产品通常面向年轻人，客群具有鲜明特征。据腾讯发布的《Z 世代消费力白皮书》统计，年轻人的三大消费动机分别是：寻求社交与认同、完成自我塑造、满足当下幸福。由此可见，年轻人对产品的要求也更为个性化。首先，生于改革开放之后的他们不再拘泥于产品的价格，而追求产品的性能品质和良好使用体验，于是戴森、喜茶等品牌受到了年轻人的追捧。其次，他们容易被具有相同品位的人群影响，容易被激发购买欲，通过选购相同的品牌寻求身份的认同感，于是小红书等应用程序成为年轻人社交购物的重要阵地。最后，随着人们教育程度提高、阅历变得丰富以及信息多元化的冲击，每个人都形成了自己精细化的购物品位。

这些需求侧的变化带来了产品供给侧的调整。过去产品研发

第四章
顺势而谋：分布式商业时代的竞争战略

要经过仔细的市场调研和论证，通过大规模的广告投放去获客，这不仅使得整个链条时间拉长，而且资金投放效率较为低下，因为传统的广告投放是无差别的全覆盖。

面对这些不同，互联网企业需要形成一套与传统企业不同的发展策略，从而更有效率地捕捉市场需求，更好地满足尽量多的客户需求。具体而言，分布式商业时代的产品开发有3个重要特点。

第一，高度重视触达市场的时间（time-to-market），从"最小化可行产品"（minimal viable product，简写为MVP）出发，先做出产品交付市场，然后基于数据和技术的迭代能力，小步快跑。近年来，一种颇受欢迎的产品开发方法论越来越受到瞩目，为新产品开发过程注入了敏捷性，被称为"建构－测度－学习"（build-measure-learn），[1] 即在高度不确定性的环境下，企业先开发一个MVP，然后采用灰度发布方式，或是A/B测试方式发布产品，在使用过程中去测度产品绩效并收集用户反馈，随后快速试错、学习和迭代。这个方法尤其适用于产品开发成本和调整成本都相对较低的状况，适用于能够从客户处快速获得反馈的行业，比如软件开发。这种方法成功的关键在于能否快速、低成本地迭代，让产品始终保持小步快跑的状态。相比于集中式商业，分布式商业为此提供了理想的条件。分布式商业联盟基于各个参与方的分

---

[1] Teece, David J., Margaret A. Peteraf, and Sohvi Leih. 2016. "Dynamic Capabilities and Organizational Agility." California Management Review 58 (4): 13–36.

享和协作,获得各方源源不断汇聚的数据,有能力在保证隐私和安全的前提下利用数据,这就为依托数据和技术改进算法、迭代产品提供了很好的条件。

第二,产品建立在大通用底层平台和小模块应用上,通过稳健的底层平台和高效的模块创新来推进产品迭代。所谓模块,是指在一个通用平台上加载子系统,以增加平台的功能。[1] 通过一个个具有特定功能的模块,系统实现了"平台-模块"垂直分工和各个模块之间的水平分工,也有利于与外部的技术交流开放,促进产品平台的供给侧自由创新和需求侧定制化。[2] 分布式商业联盟综合了各方最优能力,聚合成为共同的知识基础,在共同的知识基础上提供的产品往往具有较强的行业通用性,能基于多方共识和约定规则提供通用的平台或架构。在这个通用平台上,为了满足多样化的行业和客户需求,联盟基于自身强大的综合性能力,进行垂直领域应用的产品开发和个性化定制,在架构一致下模块化、可插拔地增减功能。

第三,产品以用户驱动创新和伙伴驱动创新为重要特色,通

---

[1] Tiwana, Amrit, Benn Konsynski, and Ashley A Bush. 2010. "Platform Evolution: Coevolution of Platform Architecture, Governance, and Environmental Dynamics." Information Systems Research 21 (4): 675–87.

[2] Langlois, Richard N., and Paul L. Robertson. 1992. "Networks and Innovation in a Modular System: Lessons from the Microcomputer and Stereo Component Industries." Research Policy 21 (4): 297–313.

第四章
顺势而谋：分布式商业时代的竞争战略

过"双驱动"更贴近快速变化的市场需求。用户驱动创新是创新管理领域非常经典的战略，[1] 在这个技术爆炸、多样性产品层出不穷、行业竞争激烈的时代，它的意义显得更为突出，通过单一核心企业未必能及时捕捉和满足多样化、快速变化的客户需求，尤其是一波接着一波的年轻人需求。通过分析用户数据以及直接向用户调研来获知需求，或在使用过程中学习改进，[2] 就成为很重要的一个创新途径。另一个途径就是向伙伴学习，从商业合作伙伴那里寻找启示和解决方案，这是分布式商业的一个突出优势。在分布式商业形态里，多方合作汇聚了合作商家的能力，如架构设计能力、产品设计能力、运营和风控能力、销售能力、资金筹集能力、客户服务能力等，发挥各自优势，共同设计和交付给客户卓越的产品服务和出众的使用体验。任何一方都有可能从供给侧或者需求侧为改善产品做出贡献。尤其是当问题比较复杂、需要多边合作共同解决问题时，更需要调动合作伙伴的力量，集思广益来创新。

小米手机操作系统 MIUI（"米柚"）的发展历程在一定程度上展现了上述 3 点产品特质。MIUI 是小米公司基于安卓深度定制优化开发的第三方手机操作系统，从 2010 年发布第一个内测版至今，

---

[1] von Hippel, Eric. 1988. The Sources of Innovation. Oxford University Press.
[2] Rosenberg, Nathan. 1982. Inside the Black Box: Technology and Economics. New York, NY: Cambridge University Press.

已经发展到MIUI11，几乎每个月做一个小版本迭代，每年做一个大版本迭代，始终保持着小步快跑模式。每次迭代都是在一个底层系统平台上更新若干模块。MIUI发展的一个重要特色在于用户驱动创新。它有一个著名的用户社区"米柚论坛"，是小米发烧友的重要阵地，也是MIUI的重要反馈来源。在这个论坛上，MIUI的产品经理和工程师都会与用户交流，感受用户需求，回答用户问题。公司甚至会与提出重要意见的用户在线下见面，表示感谢。而且，论坛与产品的故障管理系统联通，用户反映的产品故障会接入故障管理系统，方便工程师及时维护。MIUI的每个版本在发布之后，会有一个用户调查报告，让用户投票，对于获得好评的版本，公司会重奖工程师和产品经理，这也激励了他们更好地为用户设想。紧密服务消费者并且为消费者提供切实可行的解决方案，这就是MIUI产品不断成功、积攒高人气的重要经验。

在分布式商业时代，企业的战略、组织和产品都需要经历较大的变革以适应新商业模式的要求。

- 在战略上，强调打开边界，构建一套由开放平台、开放创新、开放协同组成的战略；
- 在组织上，强调敏捷化改造，要求管理者的定位由传统的管控指挥转变为传递组织价值观和愿景的布道者，转变为战略预判、投入资源和信任的风险投资人，转变为关心呵护员工、赋能员工成长的园丁；

第四章
顺势而谋：分布式商业时代的竞争战略

- 在产品设计上，以模块化为主，从 MVP 出发，在用户和合作伙伴驱动下快速迭代创新。

由此"三管齐下"，以战略理念为核心，以组织结构为基础，以产品服务为抓手，建构分布式商业时代的新型企业，在数字经济时代保持竞争力。

第五章

新火试茶：分布式商业的萌芽案例

分布式商业让中小微企业真正成为商业价值链的主角，有助于激发经济增长动力，广泛提升就业，鼓励创业和创新，适用的行业和场景也非常广泛。虽然目前分布式商业还处于萌芽期，但也有越来越多的参与者认识到了分布式商业的魅力，并开始加入探索者行列。以下，我们就针对零售、金融、能源、政务、制造、教育、医疗、交通、娱乐九大行业出现的分布式商业的萌芽形态进行介绍和分析，希望能帮助你发现身边正在悄然发生的商业范式转移，从而更好地把握未来的商业机会。

分布式零售，让消费触手可及

零售是人类社会最古老的商业形态之一。从商业萌芽到现代社会，"夫妻店"、小商铺、贩夫走卒在历史长河中具有持久的生命力。进入近代社会后，以专营店和百货商店为代表的集中式模式在很长时间内成为主流，各个地方的货物被采购到商店中集中管理、统一营销。

全球化进程加快和分工需求增加后，全方位集中的商业模式已渐渐无法应对全球化扩张的需求。因此，自20世纪50年代开始，美国出现了连锁商业模式，即经营同类产品或服务的若干经营单位，以同一商标、统一管理或授予特许经营权的方式组织起来。总部负责品牌设计、商品生产、渠道采购、规范服务和制度管理等，保留了大部分的产品和服务能力，分散的中小微企业主体则以连锁加盟等形式接受总部企业的统一组织领导，专注于销售能力，拓展客户，最终获得收益。总部通过对企业形象和经营业务的标准化管理，获得规模效益，提升竞争优势，从中抽离出一定程度"分布式"的经营能力和销售能力，让中小微企业主体也有机会成为商业价值链中的一环，通过引入连锁经营体系，公司规模迅速发展，从国内走向国际。

随着信息技术的崛起，建立在互联网上的电子商务平台成为零售业的新阵地。无数大小商户从互联网平台导流，自行制定售价和市场策略，平台按交易额收取手续费，并制定统一的基础性交易规则和监督规则。亚马逊、eBay、淘宝、京东等都是典型的互联网电商平台。在这样的互联网平台上，中小微企业主体拥有完全的分布式品牌、经营和销售能力，只是在基础性交易规则、平台功能模块方面服从平台，实现了"集中式管理＋分布式经营"。以 2015 年上线的"京东到家"为例，首先，该平台不再采购和销售商品，而是通过技术手段，整合了超市、便利店、农贸市场等社区商家的商品和服务资源，消费者在平台上可以买到各种各样的东西，比如各类生鲜，甚至可以享受美甲等上门服务。其次，该平台不再进行集中配送，而是通过众包配送方式，使所有群体

第五章
新火试茶：分布式商业的萌芽案例

成为社会化运力的一部分，比如大学生、白领，甚至是退休的大爷大妈，以实现两小时内的快速运递。除此之外，该平台通过为技术赋能，为合作伙伴提供更丰富的定制化、工具化的产品，实现了更快速有效的资源配置和利益分配，使整个供应链的运转效率大大提高。

类似地，2020年7月，美团也宣布进一步探索社区生鲜零售业态，满足差异化消费需求，成立"优选事业部"，推出"美团优选"业务。该业务主要针对下沉市场，采取"预购+自提"的模式，赋能社区便利店，为社区家庭用户提供蔬果、肉禽蛋、乳制品、酒水饮料、家居厨卫等品类商品。用户可以当天线上下单，次日门店自提。该模式的一个重要角色是"团长"，他们大多数是由社区便利店的店长兼职担任，团长日常需要负责建立微信群、销售、收货、发货、售后服务等，进一步兼顾了配送的高效率与服务的分布式。

从上述案例中，我们可以看到分布式商业的一些特征在零售业得到了明显的体现（见表5-1）。

第一，该模式涉及多方参与。平台、超市、便利店、农贸市场、快递等各个参与者承担自身的义务并拥有对等的权利，虽然平台方的地位仍然较为强势，但是各方的地位已经逐渐趋于平等，价值链尾端的便利店、农贸市场也可以自主进行商业决策。

第二，在该模式下，参与者之间的关系逐渐变得松散耦合。服务提供者和商家可以自由选择参与或者退出平台，而不会对整个商业系统造成巨大影响，从而形成一个可插拔、可横向扩展的商业平台，对市场的变化及时做出灵活调整，以适应市场的需求。

第三，在该模式下，商业组织的管理方式展现出一定的自下而上的特征。平台上的小微商家在某些管理事项上具有了一定的话语权，可以自主决策，如决定某些商品的优惠和补贴幅度等，无须经过平台方同意。

第四，通过数字化的经营方式，该模式实现了不同组织、商家之间的智能协同。平台作为中枢大脑，通过运用人工智能、大数据分析的手段，根据货品种类、运输距离、价格等因素来有效地调配商品，自动处理投诉、商品退换等事务，从而从全局角度最大限度地优化资源分配，一方面为客户提供更加物美价廉的商品和称心如意的服务，另一方面也大幅节约总体成本，提高系统效率。

然而，尽管这类下沉零售模式已经体现出明显的分布式特征，但从全市场来看，仍存在若干个待完善之处。第一，管理普遍偏集中式，规则制定、信息控制、收益分配等权力在很大程度上掌握在平台企业手中，小微商家仍处于弱势地位。例如在2020年年初，新闻报道称某大型外卖平台凭借强势地位不公平对待餐饮企业，而受到餐饮企业联盟的联合抵制。第二，各个不同的平台、连锁商业体之间的数据、商品、业务分割的情况仍然较为明显，它们普遍会凭借自身在品类、客群、配送、仓储等方面的局部优势进行恶性竞争，未能更进一步地实现资源的有效分配和利用。

第五章
新火试茶：分布式商业的萌芽案例

第三，零售平台管理能力参差不齐。由于该模式涉及会员、商品、供应链、风控等方方面面，且要协调各个加盟商或商户，导致很难把控产品和服务品质，因此经常出现送货不及时、投诉无反馈等各种经营问题。

表5-1　零售案例分布式特性及要素总结

分布式商业特性显著程度	多方参与	松散耦合	自下而上	共享资源	智能协同	激励相容	模式透明	跨越国界
	高	高	中	高	高	低	低	低
体现的分布式商业核心要素	劳动要素	资本要素	土地与空间要素	知识要素	组织管理要素	数据要素	技术要素	
	✓	✗	✗	✗	✓	✓	✓	

针对以上问题，我们大胆畅想的理想情况是进一步地去平台化，在特定范围内建立起多方参与、分工明确的"分布式联盟"，将管理权、经营权、利润分配权等真正交还给每个独立的中小微商业实体。在该联盟中，所有的商业实体应处于平等的地位，各方之间通过既定的商业规则进行互动，在合适的程度上共享彼此的客户、仓储、物流、商品等数据，共同监督彼此行为，并通过智能算法协调各个参与者之间的关系。消费者通过特定应用软件接入系统进行购买，不必纠结于所选产品的商家是否在附近区域，系统会自动分配附近区域的商家配送同样的产品，再由商家之间进行自动结算；或者先在商家之间进行调货，然后配送；消费者在各个商家之间的消费积分可以通兑通用。这样一方面大大方便

了消费者，另一方面也促进了商家之间的交叉销售，从而取得比单个实体更大的规模经济和更广的范围经济。然而，冰冻三尺非一日之寒，理想的分布式零售模式需要经过不断地演进与检验，方可逐渐成熟和完备。

分布式金融，让金融更加普惠

传统金融机构一般用自建的信息系统、本机构的资金和资源，基于自身所在区域为客户提供服务，而大型的金融机构具备全国乃至全球开设网点的能力来扩展服务半径，因此行业呈现典型的集中式特点。

以银行服务为例，过去普遍依赖物理网点和抵押物开展业务，成本相对较高，致使其将业务的重点放在高净值人群身上，从而保证盈利水平。如今，针对高净值人群的金融服务趋于饱和，银行的传统业务同质化竞争现象严重；加之非银行机构争相切入支付、贷款、存款、理财等传统银行业务中，银行的处境变得尤为艰难。与此同时，数量庞大的长尾人群的金融需求尚未得到很好的满足。因此，如何通过数字化技术和商业模式转型，应对普惠金融的用户所需，服务实体经济，逐渐成为银行破局转型的关键之一。

相较于传统银行业务，普惠金融业务的用户需求更加场景化、

第五章
新火试茶：分布式商业的萌芽案例

移动化、及时化和碎片化；其目标用户大部分缺乏信用记录，且交易频率高、单笔交易金额小、单客贡献度远低于传统银行业务。在这个背景下，一些银行通过发展前沿科技技术，发挥成本结构优势，通过开放银行模式，填补了市场空白，有效服务了长尾客户。在更加体现分布式思维的开放银行模式下，银行通过与具备流量的外部平台合作，将自身的产品、风控、科技等能力嵌入垂直行业，更直接地触达目标客群（见图5-1）。在这个过程中，一方面，银行得以将服务搭载在丰富的用户场景之上，满足普惠金融业务中需求场景化、碎片化等特点；另一方面，平台方通过银行嵌入的金融服务得以完善业务链条，优化用户体验，真正实现普惠金融的理念。

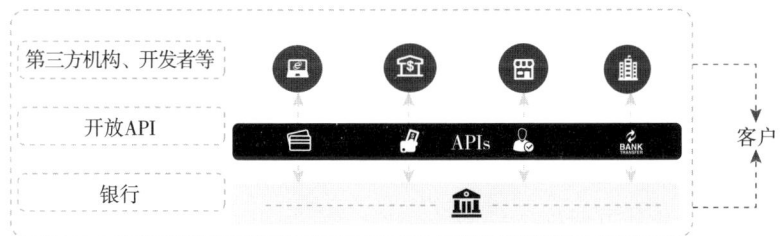

图5-1 开放银行模式正在改变银行业

2020年新冠肺炎疫情的冲击让不少中小微企业面临较大的现金流压力，在此背景下，微众银行积极通过开放银行模式实现了分布式金融方向的一系列探索。例如，微众银行联合万达广场在10天内推出了全线上、无抵押的商户贷产品，经商户授权后，实现了与万达商管集团之间数据对接，从而有效简化了贷款办理流程,并得以在最短时间内提供授信,驰援中小微商家,解决其资金困难;同时还联合了武汉的医药流通民营企业"九州通",助其加强线上收款能力,并为其下游广大店主、药店主提供全天候在线贷款申请服务,实现了在特殊时期内的精准帮扶。

可见,开放银行模式体现了分布式商业的特征,本是独立中心个体的银行逐渐向平台化方向发展,成为分布式商业中的一个节点,通过合规共享其所拥有的数据、算法、金融能力,为生态中的其他伙伴提供服务。银行自身也能创造出新的服务,构建新的核心能力。

类似地,在保险行业,以保险公司为主导的集中式保险模式存在保费高、保障少、条件苛刻、赔付不够灵活等问题。另外,传统保险公司的运营相对封闭,一般不允许外部投资者参与保险资产的投资和管理,因此限制了保险的业务规模、保障范围和服务半径。

与此同时,一些科技公司运用科技手段对传统保险模式进行了改造,使其重新焕发活力。例如,互助保险是一种经典的保险模式,过去通常是由一些具有共同要求和面临同样风险的人自愿组织起来,预交风险损失补偿分摊金的一种保险形式。在古代,互助保险广泛存在于各种以经济补偿为目的的互助合作组织之中,如中世纪的工匠行会、商人行会、宗教行会、村落行会等。今天,一些保险科技公司运用技术手段,赋予了这一传统模式新的生机和活力,其中的代表如美国的 Uvamo 公司。

第五章
新火试茶:分布式商业的萌芽案例

不同于传统保险公司相对封闭的经营模式,成立于2015年年底的 Uvamo,其经营模式显得更加透明、开放、灵活(见图5-2)。首先,Uvamo采用的是互助保险模式,将投保人和保险人的角色进行了统一,从而减少了逆向选择和道德风险的可能性。其次,Uvamo经过分析,将所有投保人的保险单进行分类,组合成不同的保险资产池。一旦出险,则动用该资产池对应部分的保费进行赔付,从而实现了更加精细的管理和风险管控。最后,Uvamo成功引入了外部投资者,一方面实现了对所需后备资金的有效补充;另一方面,赔付结束后,资产池中的所剩资金可作为共享的受益,由投资人和Uvamo进行分配。通过这种设计,Uvamo有效降低了个人保费,扩大了保障的范围,提高了赔付力度,并有效改善了保险服务体验。

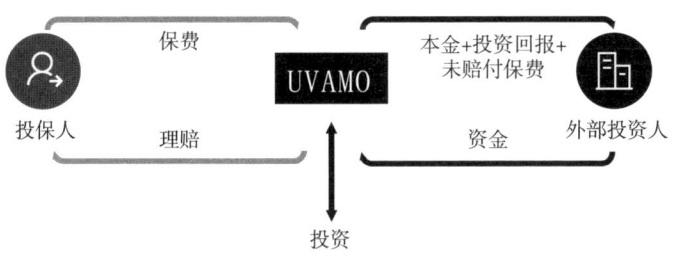

图5-2 Uvamo的商业模式

无论是开放银行模式还是互助保险模式,都呈现出较为明显的分布式特色(见表5-2)。

第一,上述金融模式均涉及多方参与。金融机构、场景及流量提供方、科技公司、个人投资者等参与机构共同完成了完整的商业闭环，打破了由大银行、大保险公司一家主导的集中式金融服务模式。

第二，在管理模式上，上述模式均体现出自下而上的特色。对比传统金融模式中一家大型金融机构独自决定所有管理事项的情况，在上述创新的金融模式中，不同层级的参与者均拥有较大的自主决策权，实现了一定程度上的自主管理。比如在互助保险中，每个投保人均可以行使自身的投票权利，参与到保险规则制定、赔付审核等管理工作之中。

第三，上述创新金融模式实现了不同成员之间的金融资源共享。如在互助保险中，数目庞大的投保人将自身的闲置资金和信用进行了汇集和共享，创造出了强大的偿付能力并扩大了保险的覆盖范围。

在互联网金融领域，略有分布式金融雏形特征的 P2P 借贷曾经风靡一时。P2P 平台方连接了数量庞大的个人和机构投资者以及各类资金提供方，借助网络平台帮助借贷双方确立借贷关系并完成相关交易手续。借款者可自行决定借出金额、时间、利息、还款方式等，从而实现自助式借款。个人投资者将闲散资金通过 P2P 平台进行投资，根据自己的分析和判断，自主选择投资标的，利用闲散资金进行投资，极大提高了资金的利用率。与此同时，资金需求方可以通过 P2P 平台迅速发布需求，并与个人投资者进行快速的沟通和对接，进行线上快速融资，提高了融资效率。

然而，P2P 借贷缺失了分布式商业拼图中的开放透明和激励相

第五章
新火试茶：分布式商业的萌芽案例

容两大特征，最终走向了灭亡之路。一方面，为了吸引个人投资者，越来越多的 P2P 项目开始隐藏投资项目的真实情况，不向投资者公示项目的真实细节，而是通过虚假承诺过高的预期投资回报率，来吸引投资者投资；当项目到期无法兑付时，平台方非但没有及时告知投资者实际情况并承担相应责任，而是继续隐瞒信息，通过拆东墙补西墙的方式，最终导致资金链断裂。另一方面，P2P 借贷中平台方扮演的角色存在不可调和的内在冲突，无法实现正向良性的激励相容。银行等正规金融机构同时扮演着信息中介和信用中介的角色，因此需要在提高业务规模的同时，严格控制金融风险；而在 P2P 借贷中，仅仅作为信息中介的 P2P 平台却因为无法抑制扩大资产规模的冲动，常常只顾业务规模增长而忽视风控，最终酿成了"暴雷"的悲剧。最终，2018 年 8 月，互联网金融风险专项整治工作领导小组办公室下发了《关于报送 P2P 平台借款人逃废债信息的通知》，开始了一系列 P2P 金融整治和清退行动。截至 2019 年年末，停业的机构超过 1 200 家，P2P 金融这一模式亦逐渐退出了中国的金融历史舞台。

总而言之，尽管 P2P 模式呈现出多方参与、自下而上、共享资源等分布式商业的先进特点，形成了分布式金融的雏形。然而，由于不能实现开放透明和激励相容，致使后期道德风险频发，并最终走向被清退的结局。由此可见，开放透明和激励相容对于分布式商业的可持续发展至关重要、不可或缺。要真正实现开放透明，需要从业者、行业组织、监管机构共同努力，建立起有效的行业规范、监管规则和治理机制，促进金融创新和行业发展。

表 5-2　金融案例分布式特性及要素总结

分布式商业特性显著程度	多方参与	松散耦合	自下而上	共享资源	智能协同	激励相容	模式透明	跨越国界
	高	中	高	高	中	低	低	低
体现的分布式商业核心要素	劳动要素	资本要素	土地与空间要素	知识要素	组织管理要素	数据要素	技术要素	
	✗	✓	✗	✗	✓	✓	✓	

分布式能源，让地球更绿色

能源常常面临着储量有限和产能过剩的双重挑战。以传统的电力能源体系为例，传统的电力能源体系由发电厂、输配电网络、售电公司、家庭用户组成。电厂集中发电，然后通过区域内的独家输配电网络传送到区域电力公司，再销售给家家户户，这是一个典型的集中体系。在中国，五大电厂和两大电网公司是电力系统的骨干，特别是国家电网和南方电网各自在北方和南方形成垄断，同时扮演电力输送和销售的角色。在这样的集中式模式下，电力市场的整体经济效益就无法达到充分。

随着风力、光伏等可再生能源的发展，以及储能系统的进步，

第五章
新火试茶：分布式商业的萌芽案例

传统的发电和输配电越来越不适应于新情况。以光伏行业为例，由于受国家政策鼓励，居民节能环保意识的增强，大多数居民愿意安装光伏发电系统。然而，由于投入资金大、设备维护困难等因素，只能望而却步。投资商尽管持续看好光伏产业的长期前景以及优厚的税收抵扣优惠，但是因为投资的专业性高、技术风险大，鲜有投资商愿意投入民用光伏领域。

近几年来，一种新型的商用能源利用模式可以很好地缓解上述问题。简单来说，家家户户安装光伏发电设备自行发电，以供自己使用；当电力充裕时，家庭可以作为一个微型电厂，通过储能设施，将电返售给电力公司，来获得收入。该领域的领跑者当属特斯拉公司旗下的 SolarCity 公司。SolarCity 公司引入外部投资机构，给居民免费安装与维护光伏设备。随后居民将光伏发的电出售给电力公司以获得收入，来偿还投资机构的投资款并支付利息（见图 5-3）。目前，这一模式已加快了推广的步伐，据美国加利福尼亚州《2019 建筑能效标准》政策，从 2020 年 1 月 1 日开始，所有在加利福尼亚州新建的三层及三层以下的低层住宅（包括独栋）都将被强制要求安装住宅光伏系统，虽然新冠肺炎疫情或将影响装机进度，但这一趋势已值得关注与期待。

该模式体现出了较强的分布式特征（见表 5-3）。

第一，该模式实现了多方参与。SolarCity 公司充分调动了设备商、投资商、电力机构、居民等参与方的积极性，使他们参与到清洁能源的生产及分配活动中。

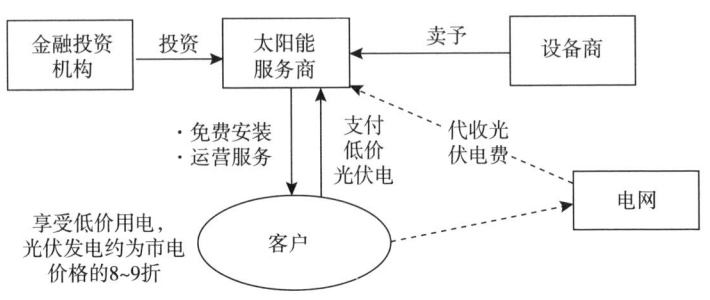

图 5-3　SolarCity 公司的商业模式图

第二，该模式体现了自下而上的管理特色。处于商业模式价值链底端的普通居民具有很大的自主决策权，他们可以决定如何使用自己的光伏设备，使用多少光伏电，以及销售多少电给电厂等关键问题，所有这些决定完全是根据市场的情况和自身的现实情况做出的，具有很强的灵活性，从而及时应对市场的变化。

第三，该模式实现了电力资源的共享。在该模式下，居民将用不完的电反售给电厂，电厂再将这些闲置的电力资源分配给需要用电的人，从而实现了电力资源的共享，提高了电力资源的高效利用。

第四，该模式通过技术手段，实现了产业链的智能协同。SolarCity 公司通过物联网设备及时收集和监控光伏发电的数据，并与各个参与者进行线上信息交换，通过智能中控及时进行资源的协调分配，极大提高了运营效率。

第五，该模式对节能减排行为形成了持续激励，并形成了可持续的商业闭环。通过反向出售光伏发电给电厂，居民不但自己

第五章
新火试茶：分布式商业的萌芽案例

可以获得免费用电，还能获得相应收入，从而形成了对光伏发电行为的正向激励，实现了激励相容的可持续商业闭环，同时也对节能减排行为提供了持续的正反馈，激励居民进行光伏发电，践行节能减排，保护地球的资源与环境。

通过分析不难发现，该模式已经兼具了分布式商业多方参与、自下而上、共享资源、智能协同、激励相容的特点，在实现商业价值的同时，鼓励节能减排的行为，产生了巨大的社会价值。未来，如果该模式可以跨越国界，实现全球化的能源分配，则将进一步促进能源产业的发展，产生更大的社会和商业价值。正因如此，SolarCity的商业模式是分布式商业在能源领域应用的一个典范。

表5-3 能源案例分布式特性及要素总结

分布式商业特性显著程度	多方参与	松散耦合	自下而上	共享资源	智能协同	激励相容	模式透明	跨越国界
	高	中	高	高	高	高	中	低
体现的分布式商业核心要素	劳动要素	资本要素	土地与空间要素	知识要素	组织管理要素	数据要素	技术要素	
	✓	✗	✗	✗	✓	✓	✓	

分布式政务，让百姓"最多跑一次"

经过多年信息系统建设，大多数国家已经实现了政务电子化，建设了较为完备的政府数据库、网站，能够在网络上公开发布信息，处理许多面向居民和机构的服务。但是，政务长期存在着"各自为政、条块分割、烟囱林立、信息孤岛"等问题，各国、各级政府或同一级政府的各个部门之间未能真正实现连通与互动。造成上述问题的因素有许多，一方面，政府部门之间数字化程度参差不齐，导致无法通过数字手段实现各机构和部门之间的数据互通；另一方面，囿于过去的技术手段，现有的法规制度也限制了某些机构和部门之间的数据和信息共享。另外，政务服务还暴露出依赖纸质单据、流程冗余复杂等问题。这些问题大大降低了政务服务的效率，影响了政务服务体验。

为了解决以上问题，许多国际组织、政府机构已经开始进行一些尝试。其中之一是建立和运用分布式的数字身份技术来提升政务服务的效率和体验（见图5-4）。

以2019年微众银行与澳门特区政府合作的电子政务服务项目为例，该项目通过身份认证及可信数据交换解决方案，实现跨机构身份认证和数据合作，为澳门地区的电子政务服务提供技术支持。该项目通过区块链技术生成可信居民电子证件，实现了多中心的身份注册、标识和管理，并在用户授权的情况下，合法合规地完成可信数据的交换，充分保护了用户的数据隐私。受到保护的身份信息可由不同机构进行验证，从而简化业务流程，降低隐私数据泄露风险。该项目的成功落地，使澳门居民享受到了更加安全、便捷的政务服务。

第五章
新火试茶：分布式商业的萌芽案例

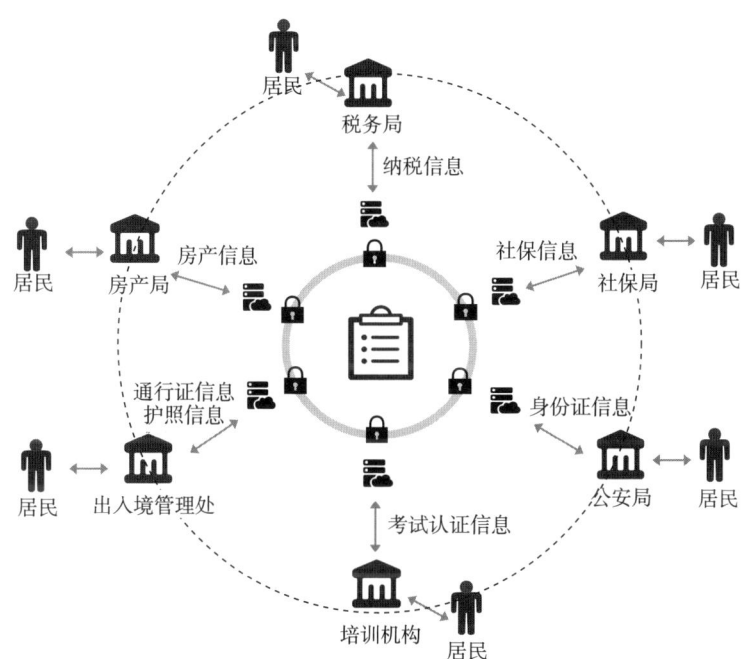

图5-4 数字身份技术的应用有效提升了政务服务体验

这种政务服务模式同样体现出了典型的分布式特征（见表5-4）。

第一，该政务模式需要多方参与才能实现。在上述案例中，房产局、税务局、社保局、公安局、培训机构、出入境管理处、居民等机构和个人参与其中，互相配合、支持、连通、互动，打通了全套政务流程。

第二，在该政务模式中，各个机构和部门之间呈现松散耦合的组织关系。各个部门或机构无须依赖其他机构部门，可以独立开展自身的政务工作，未来还可以根据居民的政务需求，不断加入新的机构和部门,而不对现有的系统造成影响。

第三,该模式通过数字化的手段实现了各机构部门的智能协同。在上述案例中,区块链、移动通信等技术的应用也使信息交换和业务流程更加自动化、智能化,有效提升了政务服务的速度和用户体验,同时也提升了透明度。

第四,这种政务服务模式更加透明,具有更强的公信力。上述模式通过运用区块链、人工智能等技术,实现了政务的电子化和自动化,从根源上杜绝了人为产生的舞弊和权力寻租问题,提高了政府机构的公信力。

上述案例体现了分布式政务多方参与、松散耦合、智能协同、模式透明等特色,极大地改善了政务服务的效率和体验。不过,类似这样的分布式政务案例仍未大范围落地。其原因是上述案例只涉及一个城市的政府部门,各个机构间不涉及错综复杂的利益关系,系统复杂性较低,一旦涉及更大范围、更加复杂的政务系统,分布式政务的落地难度则会陡然增大。比如,在国际政务合作中,联合国、世界贸易组织、世界卫生组织等国际组织试图通过构建多方合作机制,设立透明而公平的规则,来实现更高效的国际合作。虽然表面上似乎做到了多方参与、模式透明、跨越国界,实现了分布式政务,事实上却并非如此。各国之间存在复杂的利益博弈关系,很难组合成为一个松散耦合的组织。此外,各个参与方在国际组织中的地位也绝不平等,大国强国对国际事务的话语权和影响力绝非小国弱国可以比拟。国际组织面对大国的

第五章
新火试茶：分布式商业的萌芽案例

一意孤行，通常也无能为力。这些复杂的政治和经济问题，很难短时间通过技术手段或者制度改革等方式得到有效解决。

因此，要通过分布式的思想实现更高效的政务服务和国际合作，仍然任重而道远，需要不断地改革和探索。在未来，分布式商业的思想和设计有望被运用在卫生管理等诸多领域，从而更加迅速和有效地应对疫情等突发性危机事件，保证社会的安定、和谐及长远发展。

表5-4 政务案例分布式特性及要素总结

分布式商业特性显著程度	多方参与	松散耦合	自下而上	共享资源	智能协同	激励相容	模式透明	跨越国界
	高	高	低	低	高	中	高	中
体现的分布式商业核心要素	劳动要素	资本要素	土地与空间要素	知识要素	组织管理要素	数据要素	技术要素	
	✗	✗	✗	✗	✓	✓	✓	

分布式制造，没有工厂的"世界工厂"

过去，制造业通常采用集中式生产模式，统一采购和生产，再通过各级分销渠道送至顾客手中。该模式将生产资料集中进行管理，并通过大规模采购和制造形成规模效应，降低了边际成本，在很长一段时间内成为全球制造企业的主要生产组织模式。然而，随着生产力的发展和社会消费水平的提高,这种集中式的模式也显现出一些弊端:初期投资门槛高,投资风险大;生产弹性不足,造成产能浪费;产品千篇一律,应对变化缓慢;产品附加值低,市场竞争激烈;造成环境污染与破坏等。这些弊端在近年来变得尤为显著,导致传统制造业面临着巨大的可持续发展危机。

近年来,信息技术的发展为智能制造带来了极大的便利,机器人、人工智能、精密传感器、云计算、物联网等技术使电子制造企业能够收集和分析大量生产信息,追踪产品生产全流程,并据此开展生产活动,极大地提高了产品质量并节约了生产成本。

作为世界工厂,中国制造业涌现出一批领先世界的智能制造企业,引领了世界智能化制造的浪潮。以小米为例,在开发设计环节,小米采用了类似"众包"的模式。消费者、供应商都可以通过论坛、微博、微信等渠道参与小米产品的设计开发;小米的工程师会参考用户反馈改进设计与开发,并把产品更新的信息发布到论坛和群组中,与参与者同步。在制造环节,小米并没有建立工厂,而是在全球范围内寻找合作伙伴,借助合作伙伴的专业能力,快速应对不断变化的用户需求。小米将生产重心放在了产品设计研发、营销以及互联网服务等高附加值环节上,而将其他环节进行外包,并通过这种模式更紧密地对接市场需求,从而快速生产和投放市场所需的产品。目前,小米已形成了多元化的产品矩阵,除了手机,还有电视、笔记本、智能音箱、路由器和极其丰富的智能硬件生态链。

第五章
新火试茶：分布式商业的萌芽案例

这种转变同样体现在家居制造行业。随着"90后"消费者进入而立之年并成为家居产品的主力消费者，家居消费市场已经发生了巨大的变化。新的消费群体越来越崇尚个性化表达，个体之间的需求差异也变得越来越明显。面对日益增长的消费需求和不断攀升的生产成本，家居制造行业需要重新思考应对方式。

近年来在全球迅速扩张的宜家家居用自己的实践，为行业指明了一条可行之路。总体来说，家居制造业的产业分工分为原材料供应、产品设计开发、生产加工制造、销售流通、客户服务等5个部分。宜家没有沿用传统模式，把生产的重心放在零件生产和组装之上，而是抓住了产品设计和售后这两个附加值最高的环节。在产品设计环节，宜家的设计研发信息的收集采用由外而内的方式。设计人员依据消费者在问询、消费、投诉等环节中提供的信息开展设计工作，强化了研发人员与消费者的互动，从而真正将产品和渠道整合到一起，把握住目标群体的真正需求。在采购环节，宜家以价格为核心要素，在保证认可的质量、环保及社会责任的前提下，在全球选择价格最低的供应商，并附之于竞争性报价来节省成本，目前已有超过1 300家供应商为宜家提供各类资源及服务。在生产环节，宜家的策略是实施外包的全球化，每年约有来自全球各地的2 000多家供应商参与宜家的外包生产竞标。另外，外包工厂并不生产现成品，而是生产经过宜家独特设计、分解而成的标准平板组件。标准平板组件的生产工艺相对简单，工时较短，适合快速大量生产。另外，这些平板组件占用空间少，能极大地提高库存和流通的效率。这些组件最终会直接运送给消费者进行自由组合搭配，产生超过10 000种的产品组合，这极大地满足了消费者的个性化需求。

上述制造模式体现出了一定的分布式特征（见表5-5）。

第一，这些案例中的制造过程涉及多方参与。在产品设计阶段，小米、宜家引入消费者群体作为产品创意的提供方；在采购和制造环节，则引入了全球各地的供应商和外包工厂，优中选优。

第二，除了核心企业，供应链上下游各参与方之间变得松散耦合。外包厂商并非单独服务于小米或宜家，而是同时为许多品牌提供原料或代工，品牌商和外包商之间没有严格紧密绑定，而是彼此相对独立开展生产经营活动。

第三，这种模式通过线上化、数字化的手段，实现了各个参与者之间的智能协同。通过接入ERP软件或云服务并共享相关数据，供应链各个环节的参与者可以在智能中台的调度下有效分配生产资料和资源，从而实现供应链间的有效协同，提高资源利用效率的同时，提升生产力。

第四，这些制造活动均跨越了国界。小米、宜家均实现了设计、采购、制造、分销等各个生产经营环节的全球化，在全球范围内实现了资源的最优化配置，并成功进入了全球市场，收获了巨额利润。

不过，虽然小米、宜家等标杆制造企业的生产模式已经部分具备了多方参与、松散耦合、智能协同、跨越国界的分布式特征，

第五章
新火试茶：分布式商业的萌芽案例

然而，绝大部分制造企业还远远达不到它们的高度。这是因为大部分制造企业数字化程度低，无法完成数据共享和高效率的资源分配。另外，企业的管理水平不足，制造活动集中在处于供应价值链底端的制造和加工环节，还无法进一步向高价值的设计及分销环节拓展。面对这种状况，大量传统制造企业需要结合自身的情况，积极进行组织改革和数字化改造，提升自身的竞争力，顺应分布式的制造业发展趋势，才能避免被时代淘汰的命运。

表 5-5 制造案例分布式特性及要素总结

分布式商业特性显著程度	多方参与	松散耦合	自下而上	共享资源	智能协同	激励相容	模式透明	跨越国界
	高	高	中	高	高	低	低	高
体现的分布式商业核心要素	劳动要素	资本要素	土地与空间要素	知识要素	组织管理要素	数据要素	技术要素	
	✓	✗	✗	✗	✓	✓	✓	

分布式教育，有网络的地方，就有一流的教育资源

传统教育是通过集中式模式实现的，即把学生和老师集中在学校里，教师在讲台上讲，学生在座位上听讲与记录，达到传授知识的目的。在这种教育模式中，教师主宰整个教学过程，学生只能被动接受知识，提前准备好的教材则是知识的主要载体和来

源。然而，当今时代，科技与商业日新月异，局势变化风云莫测，知识与技能快速更新换代，过去的"铁饭碗"势必面临来自 AI、云计算等技术的挑战。集中式教育以教定学，可能忽视了学生作为学习主体的存在以及学生的个性和求知需求，不利于学生强化自由创作和独立思考的能力。

与此同时，越来越多新的教育模式如雨后春笋般涌出，展现出了传统集中模式所不具备的趣味性、灵活性和针对性，在线教育就是其中之一。在线教育又被称为远程教育、在线学习，指一种基于网络的教育活动。该模式最初是线下机构的线上化，由教育机构直接面向个人进行线上授课。之后，慢慢发展为平台模式，通过个人讲师入驻平台的形式，向用户提供直播或点播的教育服务，平台本身并不生产课程，仅为教学过程各环节提供技术、功能和服务。目前，线上教育的典型代表之一是 Coursera（意为"课程的时代"）平台，该平台通过与斯坦福大学、麻省理工学院、剑桥大学等世界顶尖大学合作，汇集上游的优质教育资源，跨越了物理距离的限制，使学校的教育成果可以超出校园向更广泛的地区辐射，把最优秀的教师、最好的教学成果通过网络传播到世界每一个连通网络的角落。值得一提的是，在 2020 年新冠肺炎疫情发生之后，英美大学纷纷关闭线下课堂而采用网课形式，从而在短短半年之内助推 Coursera 的注册人数同比增长了 5 倍。

除了在线教育，知识付费也是近年来颇受欢迎的新型教育模式。在该模式中，公众将自己的知识通过互联网平台与他人分享，从而

第五章
新火试茶：分布式商业的萌芽案例

获得收入。这种教育模式的场景更加多元化和碎片化，教育者可以通过 App、微信订阅号、音频广播等渠道，在睡前、上厕所或者开车等碎片化场景接受教育。得到 App 是知识付费领域的典型产品。该产品降低了用户读书的门槛，优化了体验，节约了用户的时间成本，通过有料音频、干货解读、看金句等栏目让那些喜欢看书但没时间看书，以及很少读书的用户，也可以通过精简的内容和碎片化的听读方式，自由并且高效地获取知识和谈资。

上述教育模式体现了如下分布式特征（见表 5-6）。

第一，上述案例均涉及多方参与。Coursera 引入了全球众多知名高校，吸引了各地数百万学生和教师参与其中；得到 App 则把过去由学校独享的传播知识的权利，"众包"给了各个领域的普通人，使更多的人可以参与到教育活动之中。

第二，这些教育模式均体现了自下而上的教学风格。在 Coursera 平台上，负责授课的教师以及学习课程的学生共同参与教学内容和流程的设计。在得到 App 中，学生可以根据自己的需要，搜索和选择相应的学习内容，并可以通过平台及时反馈意见，促进平台方增加和调整教学内容，从而实现更好的教育效果。这种设计充分发挥了学生的主观能动性，实现了个性化和主动化的教育。

第三，上述教育模式以网络为载体，打破了时间和空间的限制，充分实现了教育资源的共享。Coursera 让世界上任何一个通网络的地方的学生都可以享受到世界一流高校的教育资源，而得到 App 则让专家们"闲置"的知识可以充分发挥作用，帮助到需要这些知识的人。

第四，该模式鼓励了知识传播和分享的行为。通过让学习者为知识付出金钱，补偿和激励了知识的贡献者和传播者，从而让更多的人参与到知识的传播过程中，在促进优质内容的生产和传播的同时，实现了可持续的商业闭环。

表5-6 教育案例分布式特性及要素总结

分布式商业特性显著程度	多方参与	松散耦合	自下而上	共享资源	智能协同	激励相容	模式透明	跨越国界
	高	中	高	高	低	高	低	高
体现的分布式商业核心要素	劳动要素	资本要素	土地与空间要素	知识要素	组织管理要素	数据要素	技术要素	
	✓	✗	✓	✓	✗	✓	✓	

诚然，上述具有分布式特征的教育模式目前还不是主流的教育形式，当下仍主要采用面对面的集中式学校教育形式，相比较而言，分布式教育还只是萌芽。未来，随着终身教育理念的不断普及，分布式教育有可能凭借其优势，不断发展壮大，逐渐成为主流的教育模式。

分布式医疗，足不出户，遍访名医

近年来，随着科学技术的不断发展和医疗体制的不断完善，

第五章
新火试茶：分布式商业的萌芽案例

中国的医疗设施无论在数量上还是质量上都有所提高，医疗条件早已今非昔比。然而，医疗资源总体不足、医疗资源分布不均衡的情况仍然存在。三级以上的综合医院、专科医院、中医医院几乎只有在大中型城市中才能找到，而占总人口80%的农村、乡镇地区医疗资源严重短缺，医疗设施落后，导致偏远地区的群众无法享受到全面优质的医疗服务。此外，大医院比较不愿意自发地把医疗资源配置到农村、乡镇的医疗机构，导致城市与乡镇间的医疗资源进一步拉大，形成恶性循环，加剧了乡镇、农村地区群众"看病难"的问题。

随着信息科技的发展，一些医疗机构和科技企业开始借助成熟的信息科技手段，整合信息，从而更高效地分配医疗资源，在某种程度上缓解了医疗资源分配不公带来的种种问题，互联网医院模式则是其中之一。互联网医院，顾名思义，就是通过互联网提供远程诊疗服务的线上医院。互联网医院可以分为两种：第一种是线下医院的互联网化，如南方医科大学深圳医院的网上医院；第二种是以互联网平台为主体，联合各家医院，汇集医疗资源，提供线上诊疗服务，如好大夫、微医、丁香园等。互联网医院具有随时随地、灵活方便的特点，患者足不出户，便可享受到相应的诊疗服务。另外，互联网医院以实体医院作为强有力的支撑，通过线上跟线下紧密结合，从而满足患者多元化的需求。

互联网医院模式具有明显的分布式特征（见表5-7）。

第一，互联网医院模式涉及多个参与方（见图5-5）。互联网医院汇集了众多医院的医生及其他医疗资源,并将药房、快递等组织有机地整合到了一起,共同为患者提供一站式的医疗服务。

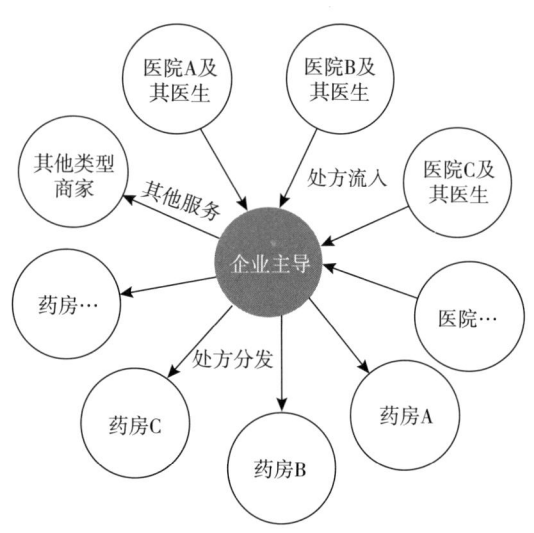

图 5-5　互联网医院模式涉及多个参与方

第二,除了平台,其他参与方之间的依赖性较弱,关系松散耦合。加入互联网医院生态后,线下医院、药房仍可继续开展日常的经营活动,并保持经营管理的独立性,成员之间互不依赖。

第三,互联网医院实现了医疗资源的大范围共享。互联网医院整合了全国各地的优质医疗资源,通过线上远程诊疗和快递送药的方式,让远在边远农村和乡镇的患者也能享受到大城市中大医院一流的医疗服务。

第四,互联网医院模式实现了激励相容,形成了可持续的商业闭环。互联网医院将收入分配按比例给参与远程诊疗的医生,

第五章
新火试茶：分布式商业的萌芽案例

对医生进行补偿，从而吸引越来越多的医生参与远程治疗，为患者提供更加丰富多样的医疗服务，形成了对参与远程诊疗行为的持续正向激励。

诚然，互联网医院等分布式医疗模式不能完全取代线下医院，一些疑难杂症的诊疗仍需在线下医院进行。然而，这种新型的医疗模式不仅能很大程度上解决盲目就诊、慢性病管理等问题，而且可利用闲置医疗资源，解决医疗资源分配不公的问题。微医、丁香园等互联网医院的成功，验证了这种具有分布式特征的医疗模式的可行性。现阶段该模式可以作为线下医疗模式的有效补充，为患者提供更加快捷方便的医疗服务并大幅减少医疗花费，同时也使边远乡村的群众享受到优质的诊疗服务。随着技术的成熟和商业模式的不断发展，预计未来有望进一步打破互联网医疗中的医药、医保、支付等相关环节的业务壁垒，实现信息互联互通和资源共享，更有效地解决"看病贵""看病难"问题。

表5-7 医疗案例分布式特性及要素总结

分布式商业特性显著程度	多方参与	松散耦合	自下而上	共享资源	智能协同	激励相容	模式透明	跨越国界
	高	高	中	高	低	高	低	低
分布式商业核心要素	劳动要素	资本要素	土地与空间要素	知识要素	组织管理要素	数据要素	技术要素	
	✓	✗	✓	✗	✗	✓	✓	

分布式商业

分布式交通，随叫随到的"私人"司机

交通设施对现代商业文明的重要性毋庸置疑，纵观历史，蒸汽机车载着英国不断前进，成就了"日不落帝国"，而美国则在"车轮子"上一路狂飙，成为世界唯一的超级强国。可以说，交通业推动着全球城市化和现代化的进程。时至今日，交通工具已经成为城市的"血管"，无处不在的汽车、地铁、飞机时刻输送着乘客和货物，驱动着经济向前发展。

然而，不断加剧的"虹吸效应"造成了城市过度的集中化，带来了严重的交通问题，城市面临"血管阻塞"问题：道路拥堵、无处停车、环境污染等，严重制约了经济的可持续发展。就公路交通而言，城市中暴露出了严重的交通资源分配不公的现象：有的区域车水马龙，有的区域却门可罗雀；有的区域人满为患、无座可坐，有的区域却出现大量空车、无人乘车；有的时段道路水泄不通，有的时段道路空无一人。

传统出租车松散的、半随机的获客方式在一定程度上加剧了这一情况。传统出租车常常漫无目的地行驶在繁华的大街上，等待乘客挥手招揽，这种调度方式过于随机，无法实时匹配司机资源和有需求的乘客。司机们只好在高峰的时候往人多的地方"扎堆"，从而加剧了交通资源分配不公的现象，带来了严重的交通和环境问题。

第五章
新火试茶：分布式商业的萌芽案例

作为一种新的交通模式，共享乘车服务在一定程度上解决了上述公路交通资源分配不公的问题。网约车平台通过移动互联网连接了之前分散的独立司机和乘客，乘客可以直接通过 App 呼叫司机，收到呼叫并接受订单的司机会被派到就近位置，为乘客提供服务。这样做一方面优化了司机资源的供给，减少了空驶率；另一方面，也使乘客更容易找到司机，减少了打不到车现象的出现。此外，网约车还通过透明的"动态定价"的方式，以最佳的供应水平来满足波动的需求。在供应能力低的时候，提高价格和司机收入，那些不愿支付更高溢价的人将寻找其他交通工具，愿意支付的人将高价买单，从而控制了客户需求，极大地提高了运营效率，有效缓解了交通资源分配不畅的问题。

网约车这种交通模式体现了一些分布式特点（见表5-8）。

第一，网约车平台和司机之间体现了松散耦合的关系。传统的出租车公司和司机之间是雇佣关系，司机需要依赖租车公司方可开展业务；而网约车司机则往往是私家车车主，与网约车平台之间不存在雇佣这种强依赖关系，司机可以随时加入和退出平台；一个司机绑定多个平台的现象也非常常见。

第二，网约车在运营模式上实现了自下而上。司机可以独立安排上下班时间以及营运活动，对自己的营运和收入负责，可根据实际情况灵活调节营运活动，而无须完全服从平台方的指挥。

第三，网约车模式实现了交通资源的共享。在网约车模式下，闲置的私家车资源临时转化为可以共享的公共交通资源，提高了闲置交通资源的使用效率。

第四，网约车模式更加透明。网约车平台通过设定好的透明规则进行派单并分配收入，保证了司机的收入公平；另外，网约车平台也设置了多种线上投诉通道，消费者可以及时反馈问题，并获得相应补偿和奖励，这些措施极大提升了网约车模式的服务体验。

第五，网约车模式通过提供经济补偿，吸引更多私家车车主加入网约车生态中，实现了规模化发展，体现了激励相容。

正是依靠上述分布式特点带来的竞争优势，近年来网约车模式迅速风靡全球，取得了不俗的商业成就。然而，由于司机准入不严格、管控措施不到位，许多品行不端的车主也混入了网约车司机的队伍，因此网约车行业出现了一系列安全事故和负面新闻。目前，网约车开始从全开放式的 C2C 分布式交通模式（私家车服务个人），向半开放半封闭的 B2C 模式（注册网约车服务个人，如曹操专车）进行转变，网约车模式的开放性受到一定程度的影响。不过，自 2020 年 4 月以来，随着无人驾驶技术的成熟，上海、长沙、雄安等地已经开始小范围试验无人驾驶出租车场景，在这些场景中相信分布式技术未来能起到更大的作用，从而让网约车或租车模式重新变得开放，普罗大众也将有望享受更完善的分布式交通服务。

第五章
新火试茶：分布式商业的萌芽案例

表5-8 交通案例分布式特性及要素总结

分布式商业特性显著程度	多方参与	松散耦合	自下而上	共享资源	智能协同	激励相容	模式透明	跨越国界
	中	中	中	高	高	高	高	中
体现的分布式商业核心要素	劳动要素	资本要素	土地与空间要素	知识要素	组织管理要素	数据要素	技术要素	
	✓	✗	✗	✗	✗	✓	✓	

分布式娱乐，生活处处是舞台

娱乐行业在最近的40年间经历了时代更替，发生了天翻地覆的变化。十几年前，一个家庭的主要娱乐方式是围着广播收听中央电视台新闻，并在每天晚上七点钟准时打开电视，端坐在电视机前观看新闻联播。在那个以广播、电视为主要媒介的时代，内容推送模式通常是单向为主。

随着移动互联网时代的到来，各类信息源源不断地增多，消费者不得不在浩瀚的信息中分配自己的注意力，现象级明星越来越少，取而代之的是层出不穷的"偶像"和"网红"。此外，越来越多的普通人通过互联网平台参与到娱乐内容的创作之中，用他们的创意来吸引和征服观众，并逐渐形成自己的粉丝圈。在过去的集中式娱乐模式下，消费者往往被动接受由专业制作公司制造的娱乐内容。然而，新的"网生一代"却并不满足于此，他们更崇尚自我表达，主动在网络社交这种弱社交关系中寻找价值认同。

人们娱乐时间和空间的碎片化以及个性化表达的需求，催生了许多新的娱乐形式，其中当下最流行的当属短视频。首先，抖音、快手、微视等短视频具有内容播放时间短、内容立体、互动性强等传播特点，更有利于观众利用碎片化的时间进行消费。其次，短视频极强的叙事特征可以覆盖生活技能、科技数码、高效娱乐等多种日常题材，更贴近消费者的生活，富有亲和力。再次，丰富的制作工具降低了短视频的制作门槛，迎合了"网生一代"自我表达的娱乐需求。以短视频为代表的娱乐模式正在逐渐取代电视、影院等传统媒介，成为大众的宠儿。

这种新型娱乐模式一定程度上呈现出了典型的分布式特征（见表5-9）。

第一，内容的创作者和平台方之间的关系在一定程度上向松散耦合的方向发展。内容创作者们不再被紧紧绑定在单一的平台上，其创作的内容可以分发至多个平台进行传播和变现，对单一平台的依赖度大大降低，从而可以更加自由独立地创作独特新鲜的内容。

第二，优质内容的生产更加自下而上。不同于传统模式中由上游传媒公司先集中制造内容，再分发给人们消费的固定套路，短视频使下游的普罗大众也能参与到娱乐内容的制作和传播的过程中，优秀创意和精彩内容往往来自草根素人，短视频内容的丰富性和独创性较传统媒介有了巨大的提升。

第五章
新火试茶：分布式商业的萌芽案例

第三，这种娱乐模式激励了普罗大众持续不断地进行内容创造和传播，实现了商业的可持续。短视频体现了更多的互动性和社交性。作为一种有效的社交工具，短视频吸引了有社交需求的各类人群参与制作，来满足自己的社交需求，从而使整个生态不断丰富和扩大，同时短视频衍生出了多样的变现渠道，如电商、知识付费、粉丝打赏、内容合作、签约付费等，形成了良性的商业循环。

表5-9 娱乐案例分布式特性及要素总结

分布式商业特性显著程度	多方参与	松散耦合	自下而上	共享资源	智能协同	激励相容	模式透明	跨越国界
	中	高	高	中	低	高	低	中
体现的分布式商业核心要素	劳动要素	资本要素	土地与空间要素	知识要素	组织管理要素	数据要素	技术要素	
	✓	✗	✗	✗	✗	✓	✓	

从以上九大行业的众多商业案例中不难看出，分布式商业模式已孕育许久，并将步入爆发的前夜，也许就在三五年之内，分布式商业将全面接棒共享商业的大旗，恰如今天的优步、爱彼迎，未来我们也将看到琳琅满目的分布式衣食住行等应用进入我们的生活之中。而改变的时机就在当下，且将新火试新茶，乘风破浪趁年华。

第六章

分布式商业与分布式社会治理

分布式商业虽然是一种商业模式，但其背后更代表了一种合作、自主、自觉、共享、智能、共赢、透明、开放的先进思维。如果将这种思维复制到社会治理领域，也能助力社会治理模式的改善优化与人类文明的可持续发展，带来相应的社会效益。

我们在提出分布式商业之后，随着实践的深入，又在2019年提出了一套针对善行，实现度量、激励、跟踪、监督机制的社会治理框架——"善度"（MERITS）。善度框架具有分布式的思维，它并非一种具体的产品或服务，也不依赖于特定的技术或底层平台，而是一种参考框架，任何企业或组织都可以根据这套框架，针对特定场景，选择合适的技术方案，和合作伙伴一起实现基于善度框架的应用场景。

在本章中，我们将以善度框架为例，诠释分布式商业思维在社会治理领域的实践与价值。

社会治理领域的三大现实难题

人的本质，是一切社会关系的总和。

然而，在全球化、数字化的浪潮下，生活节奏加快，人的自我意识逐渐增强，人与社会的隔阂似乎因此有所加大，导致一小部分人的社会和公共意识开始变得淡薄。我们在新闻媒体上可能会经常看到，诸如高空抛物、高铁霸座、扒地铁车门、向飞机发动机投掷硬币、闯红灯、强行变道、乱丢垃圾、胡乱涂鸦等个体不文明现象，以及环境污染、高碳排放、浪费资源等群体不文明现象时有发生。

对于这些不文明现象，值得反思的是，过去社会治理中常用的治理模式以罚则为主导，且覆盖面和实际效果都存在较大限制，而人性本身是趋利的，古谚语也曾有"胡萝卜加大棒"的说法。因此，有效的治理方式或许还是需要恩威并施、因势利导，既需要制定法规对不文明行为进行惩罚（惩恶机制），还应对正面的文明行为进行持续的回报和激励（扬善机制），尤其是对微小而积极的行动进行重视、记录、鼓励和持续肯定，譬如对拾金不昧、斑马线礼让、搀扶老人、垃圾分类、见义勇为等文明行为实施有效的激励或奖励，打破"以恶小而为之、以善小而不为"的不良循环。

事实上，关于社会治理的本质，通常被界定为限制和激励个人和组织的规则、制度和实践的框架。需要区分的是，社会治理相比于社会管理，更突出地强调鼓励和支持各方参与，强调更好地发挥社会力量的作用，而不是直接进行管控，因此，社会治理应更偏向于寻找"扬善"的方法。

关于"弘扬小善"，古今中外的社会治理者已提出了不少思考

第六章
分布式商业与分布式社会治理

并做出了不少努力。例如,《易经》中提出"小人以小善为无益而弗为也";《三国志·蜀书·先主传》中记录了刘备的训诫:"勿以恶小而为之,勿以善小而不为"。不过,过去受制于种种条件的约束,仍有以下3个方面的难点需要解决。

其一,在技术层面,过去较难对各类文明行为或善行善举进行度量、记录和证明,一方面是缺乏量化牵引的技术工具,另一方面统计"小善"行为的成本也比较高。一般来说,我们更容易发现"大善"行为,"大善"的践行者通过出资等形式捐赠教学楼、医疗设施等,确实为社会带来了正能量,但从全社会效用的角度看,可能也会因践行"大善"的门槛过高,而降低普通民众践行"小善"的意愿。当然,关于"小善"的度量工具,中西方社会此前也有过一些尝试。例如加拿大鼓励劳动交换的LETS时间货币项目(1983)、日本鼓励照顾老人的HureaiKippu关爱关系券(1994)、美国帮助邻里和志愿服务的费城等值美元(1996)、比利时面向社会劳动行为的当地货币消费项目Torekes(2010)、中国深圳市龙岗区"文明美德信用云"项目(2016)等,这些项目的经验教训,都可以为我们的思考提供很好的基础。

其二,在协作机制层面,"惩恶"通常只需一个部门或机构跟进执行,而"扬善"则往往是一个需要多方协作的系统工程。例如,有能力和资源采集善行数据的一方,未必是有动力弘扬善行的机构;而希望赞助和激励善行的企业,也未必能找到践行善举的对象。根据组织行为学中的MARS模型,如要影响个体的行为与结果，需同时在动机（motivation）、能力（ability）、认知（role perception）、情境（situation）等多个方面着力，这意味着"扬善"需要组织多家机构形成合力。如果在实践中，缺乏能促成多方互信协作的机制、资源共享机制、共同决策机制、联合定价机制、价值合理分配机制等，就难以达成"扬善"的目标。

其三，在监管治理层面，过去较难实现信息流、资金流的穿透式监管和透明性治理，以至于资金善款去向不明、虚假募捐、价值不清晰、信息或账目错漏等现象时有发生，大大提高了监管和审计成本。另外，由于权责不清晰，也导致弘扬小善的项目难以普及推广和可持续发展。

因此，如果要提升社会治理水准、促进社会文明发展，进而实现可持续发展目标，需要有效化解以上难题，合理度量各类善行的价值，协调和激励各方参与，明晰权责，实现穿透监管，加强"扬善"，尤其是"激励小善"，优化当下的社会治理模式。

以分布式商业思维优化社会治理模式

善度作为一套分布式的社会治理框架，与分布式商业模式相通，同样具备多方参与和共享资源的特色。善度框架重点考虑了在开展相应业务的过程中，实现各方利益最大化的制度安排。其中包括明晰各类能力互补的参与方，以及在资源配置、组织保障、

第六章
分布式商业与分布式社会治理

风险管理、财务管理等机制的协调下,每个参与方的付出、收获、权利与责任等。

为确保发行、分发、赞助、兑换、清结算、监管等环节的合法合规和高效运行,并有效服务终端用户,在参与方角色的设计上,善度框架可归类涵盖发行者、分发者、赞助者、兑换平台、清结算服务提供者、监管者、终端用户等七大角色(见图6-1)。值得注意的是,并非每个机构实体只能对应一种角色,在特定的场景以及不涉及利益冲突的前提下,不排除由同一个机构兼任多种角色。

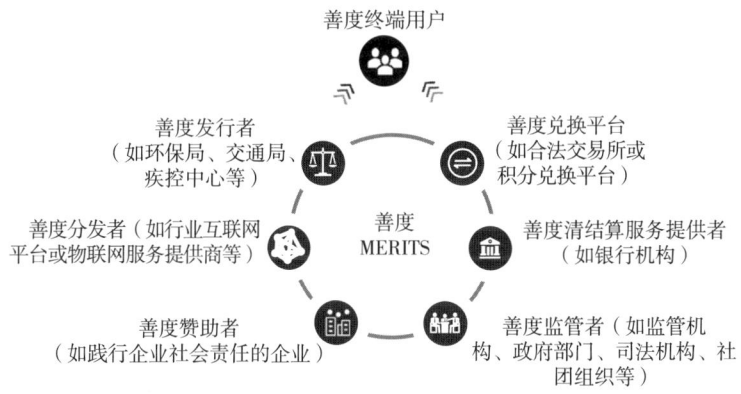

图6-1 善度框架中的七大角色及其定位

资料来源:《善度MERITS社会治理框架白皮书》。

其中,善度发行者是针对某一种细分社会的价值取向或文明行为的倡导者,其出发点是希望借助相应的制度设计和激励方式,推动或巩固公众积极行善,引导公众积极进行某种有益的活动,如喜爱阅读、坚持运动锻炼、遵守交通规则、低碳出行等,从而形成良性的人类社会文明生态。从付出和义务方面来看,善度发

分布式商业

行者往往也是善度所有角色中最为积极的牵头者,一方面需要组织和邀约其他参与方,统筹决策最终的实现预期和执行预案;另一方面需对善度体系内的服务价值进行供需管理和运营,确保内在价值回报的均衡、稳定。从收获和权利方面来看,善度发行者能够提升公众对积极正向价值观的认知和认同,引导和激励公众积极践行和贯彻相应的文明行为,扩大美好文明的普及范围,形成正向循环,产生规模效应。举例而言,根据社会文明和价值观相关场景的不同,环境保护机构、城市交通管理局、城市管理和综合执法局、文化局、体育局、慈善组织等皆可成为典型的善度发行者。

善度分发者通常是拥有用户流量的平台渠道,或提供产品和服务的可信机构,其出发点是一方面支持善行的普及,一方面也为自身的用户带来增值服务。从付出和义务方面来看,善度分发者需要负责提供用户流量、分发渠道和场景,尽可能地触达更广泛范围的公众,以实现善度的影响力;需要获取用户对相关善行数据的授权,以及签订必要的协议;还需要严格遵循法规和善度治理原则,合理合规分发,以及针对终端用户进行相应的条件和身份审核(Know Your Customer,简写为 KYC)或反洗钱审核;同时还需要有一定的技术保障能力,确保终端分发系统的高可用性、安全性、性能等要求。从收获和权利方面来看,善度分发者获得了更多的获客机会,既能实现自身数据的价值变现,也能为用户带来善行的价值转化通道,为用户提供增值服务,增强用户黏性。举例而言,善度的分发者有可能是由垂直行业领域的互联网平台

第六章
分布式商业与分布式社会治理

或物联网设备提供商等担任。

善度赞助者作为整个善度体系内在价值的提供者，既可以是无盈利诉求的公益组织，也可以是有盈利诉求的商业组织，目标是为公众的善行提供回报和激励。从付出和义务方面来看，善度赞助者需要提供有价值的商品、服务或资金，以鼓励公众持续践行善举，并需要联合善度兑换平台，设计、制定或指引善度内在价值与善行的兑换比率、总额、条件等。从收获和权利方面来看，善度赞助者一是可扩大自身产品或服务的销售或试用机会，实现商业价值；二是可以因参与善行生态，强化品牌建设，扩大自身的知名度和影响力，获得顾客的信任；三是通过践行企业社会责任，提升员工的使命感、幸福度及满意度，且企业社会责任作为一种综合战略，可以从诸多方面实现企业的整体优化，帮助企业健康可持续发展。未来随着善度生态发挥作用，当真正达到优化社会治理模式的效果后，建议善度发行者或政府税务部门在法规允许的前提下，参照当前慈善行业的成熟做法，考虑给予担任善度赞助者角色的企业一些税负、税额方面的优惠或退补。具体而言，善度赞助者可以是任何希望践行社会责任或提升品牌影响力的企业，也可以是希望触达践行善行的用户的企业。

善度兑换平台作为兑换服务的提供者，有助于保证善行体系运行的连续性，实现价值与商品或服务的有效匹配。从付出和义务方面来看，善度兑换平台提供了一个实现善行与善度内在价值进行兑换的场所或平台空间，并需联合善度赞助者制定兑换比率和兑换条件。为了让赞助者有动力去提供赞助价值，善度兑换平台可以为赞助者提供独家或优先的广告推荐和品牌展示，这样可以确保整个体系的商业可持续性。从收获和权利方面来看，善度兑换平台可以获得用户在兑换过程中产生的服务费用或中间收入，同时也履行了自身的企业社会责任。具体而言，善度兑换平台可以是合法合规运行的环境交易所、碳排放权交易所、排污权交易所、积分兑换平台、积分商城等机构。

善度清结算服务提供者，顾名思义，是帮助其他各个机构参与者执行相关资金清结算及账户管理的银行机构或其他清结算服务持牌机构。从付出和义务方面来看，善度清结算服务提供者需要提供各项账务、资金或收入的清结算服务，进行相关资金的账户托管，并面向其他机构参与者执行 KYC 和反洗钱义务。从收获和权利方面来看，善度清结算服务提供者可以获得清结算服务和相应的账户托管收入。

善度监管者将对善度体系及其运行全流程进行监管或审计，可以是一方或多方共同监管。从付出和义务方面来看，善度监管者提供监管背书，制定参与者准入规则，对全流程和各参与方实施全面性、经常性的检查和督促，促进善度生态体系依法稳健地运行与发展，并维护各参与方的权益，牢牢守住风险底线。从收获和权利方面来看，善度监管者可从中获得相应的数据，了解社会治理相关行为的风险特征，探索新型监管模式及应用监管科技，提升监管能力。对一些专业机构如仲裁机构、审计机构等，还可

第六章
分布式商业与分布式社会治理

因提供了专业服务而获得相应的收入。具体而言，善度监管者既包括各类垂直行业的监管机构和政府部门，还包括司法仲裁机构、审计机构、社团组织等，旨在对全流程进行事前、事中、事后的监管、监督、指导、裁决和审计等。

善度终端用户即践行善举的个人或企业用户，通过自下而上地践行善行善举，可获得相应的激励与回报，助力善有善报的社会文明良性循环。在善度的框架体系中，善度终端用户除了践行善举，还需提供个人善行数据的授权，以便善度体系内的各参与方进行大数据计算和评估。相应地，可以获取善度赞助者提供的善度内在价值。

以上七大角色通过有效的分工协作和资源共享，可实现共识的达成与价值的转化，而七大角色中的具体企业都是可替代的，从而弱化了对中间平台的依赖，反映了松散耦合的特性。

有效治理的前提：度量尺度机制

度量尺度是善度框架的核心机制之一，即对各类文明行为或善行善举进行可量化的度量、记录和证明。在这个层面上，善度就类似温度、湿度、角度、弧度、高度、经纬度等度量衡一样，用于衡量善行的数量或大小。该机制本质上是把特定的善行善举表现为同名的量，使它们在质的方面相同，在量的方面可以比较。

当公众的善行善举用善度来表现的时候，善行善举的内在价值就表现为可统计的、外在的量。

需要厘清的是，善度并不是一个针对所有善行善举的"绝对度量尺度"，而是根据行业不同、场景不同、参与者角色不同、产品设计不同，其表现形式也不同的抽象化的概念，即一个"相对度量尺度"。举例而言，在低碳出行的场景中，善度的度量尺度可以选择"碳排放量"；在健康生活相关的场景中，善度的度量尺度可以选择"卡路里"；在倡导鼓励阅读相关的场景中，善度的度量尺度可以选择"阅读时长"；在无偿献血场景中，善度的度量尺度可以选择"献血量"……当然，我们建议善度所选择的度量尺度，应当具备一定的客观性、确定性、稳定性和精确性，尽可能地接近物理学对于长度、质量、时间、力、温度等基本度量标准的规定。而最终，这些度量尺度将由善度发行者如环保局、交通局、文化局、体育局、城市管理局、慈善公益组织等权威机构确立并实施。

度量尺度的运作过程很好现体现了分布式商业中的智能协同特征。在善度发行者确立了度量尺度后，下一步就是善度分发者通过有效的技术工具进行收集、记录和存储相应的数据。根据全球移动通信系统协会（GSMA）发布的《2018全球移动趋势》报告，截至2025年，物联网设备数量将达到250亿个。现在乃至未来，借助庞大数量的物联网设备和智慧城市的基础设施，可以收集或自动获取各类度量尺度相关的数据，进而进行传输和分析（或通过边缘计算技术直接在终端进行数据处理）。并且，通过人

第六章
分布式商业与分布式社会治理

脸、声纹等身份识别技术完成用户的数字身份标识，实现人与数据绑定对应，最终可将这些数据及其关系存储在大数据中心或分布式的区块链网络中。尤其是，通过物联网与区块链技术的结合，还可以保证所记录的数据的不可篡改、可追溯和一致性。

在具体技术平台或方案的选择上，善度框架并不预设和依赖任何技术方案，创新者可根据具体的应用场景，自行选择所需的物联网、生物识别或区块链核心组件、身份管理、事件管理、中间件等系统或模块，进行按需组合。

据此，通过结合多种前沿技术，我们就能实现对各类善行善举的量化、存储、证明等，改善过去"小善"行为难以量化度量和统计成本过高的问题。

多方共赢的保障：激励相容机制

与分布式商业的特征之一相同，善度框架的核心机制之一也是激励相容。

在"度量尺度"机制完成其职能后，善度需要将这些经过可信记录的度量尺度转化成让公众用户可具象地感知的回报，同时需要一套实现多方共赢的机制，确保善度生态可持续运转。通过对各个参与者角色的权责规划和制度安排，使行为主体追求自身利益的行为，正好与整个善度体系实现集体价值最大化的目标相吻合，这一框架设计和制度安排，就符合了激励相容机制的要求。

其中，公众善行的度量尺度与善度内在价值进行兑换的总额、比率和条件的商定（以下简称"兑价机制"），是激励相容机制发挥作用的核心。不难发现，善度内在价值的提供方为一个或多个善度赞助者，善度内在价值的需求方则包括终端用户、分发者、兑换平台、清结算服务提供者等多方，那么在不同的场景和约束条件中，能同时满足供需双方要求的兑价机制也应是不同的。

最后还需要区别的是，在善度框架中，内在价值的提供方往往以践行企业社会责任、弘扬社会文明价值观为目标，公众用户只需践行善行善举，即可成为某类价值、产品或服务的获得者，不存在损失自有财产的风险；对善度框架内的积分，用户也只能通过善行善举获得，而不能用法定货币购买，且使用和流通范围受控；终端用户的兑换服务也需符合具体行业制度和法规的要求。由此，可以避免善度框架对国际或国家的金融体系产生影响，亦不涉及影响货币政策、汇率政策等。

兼顾创新与风险防控的平衡：合规治理机制

为了兼顾科技创新与风险防控的平衡，善度框架要有监管者参与或预留监管接口，便于借助监管科技技术，实现对全流程的透明化和穿透式监管及审计追踪；同时还应按照现有的法律法规

第六章
分布式商业与分布式社会治理

和行业监管要求制定自律标准,以遵循诸如金融稳定、KYC、反洗钱、反逃税、反恐融资、数据隐私保护等方面的合规要求。

具体而言,首先,作为一套社会治理模式的参考框架,善度发行者应致力于倡导积极的价值观和生活方式,避免传播负面价值观。关于积极价值观的取向,可参考借鉴中国古代孔子提出的"仁""克己复礼",以及孟子所说的"四德"(恻隐之心、羞恶之心、恭敬之心、是非之心)等华人世界普适的美德规范,也可参考古希腊柏拉图提出的"节制、审慎、勇气、正义"等4个维度的道德规范,还可借鉴目前联合国提出的17项人类可持续发展目标——消灭贫穷、消灭饥饿、良好健康与福祉、优质教育、性别平等、清洁饮水和卫生设施、经济适用的清洁能源、体面工作和经济增长、产业创新和基础设施、缩小贫富差距、可持续城市和社区、负责任的消费和生产、气候行动、海洋清洁、保护森林、和平正义与强大司法机构、全球伙伴关系等。总之,善度的"善"并不拘泥于某种特定学派或某个历史时期的定义,而是谋求一种正向积极、在现实层面合理且可科学实施的价值观导向效果。

其次,善度框架中的内在价值应在闭环中流转,控制流通范围。对于善度框架中的内在价值,终端用户只能通过善行善举获得,而不能使用法定货币直接购买;其兑换使用范围也应受控,兑换服务需符合具体行业制度和法律规章的要求;所有涉及联盟成员间的资金清结算服务须由持牌金融机构提供,从而确保善度与现有的金融监管体系有效衔接。由此,可以避免善度对国际或国家的金融体系产生影响,亦不涉及影响货币政策、汇率政策等。

再次,善度框架应遵循用户授权参与和信息隐私保护的要求。善度服务须由终端用户自愿授权参与,各个参与者不得以"概括授权"的方式取得信息主体对收集、处理、使用和对外提供其个人信息的同意,且应强化确保个人信息安全和数据不被滥用,明确覆盖个人信息收集、传输、销毁全周期的策略,在访问控制、宣传引导等环节加强保护,并确保遵守数据最小化原则[1]。

最后,善度框架应确保符合可监管和可审计的要求。建议以"穿透式监管"为原则,预留和提供监管接口,在产品和服务上线前就合理设计监测指标,制定动态监测方案,建立监测管理体系;对参与方应设置一定的合规门槛和准入要求,对所有相关的事务记录与流转轨迹也要确保可追溯查询;应建立管理和审计制度并严格落实,如存在违规行为,应停止业务和责成整改;对于突破底线的行为,比如违规发行、分发和兑换,要坚决禁止,从而多维度地确保善度生态健康有序地发展。

分布式社会治理的可持续发展蓝图

在分布式商业思维的引导下,善度作为一种优化社会治理模

---

[1] 数据最小化原则:只能采集与自身业务相关的信息数据,不能过度采集。

第六章
分布式商业与分布式社会治理

式的参考框架,可广泛适用于倡导社会文明和精神文明的各类场景中,鼓励公众与企业积极践行环保、健康、公益、慈善、互助、遵纪守法、尊老爱幼、见义勇为、企业责任等文明行为。

例如,在环境保护场景中,通过善度框架,对现有的各类环境保护场景进行创新改造,发挥多方的资源能力,将可组织起多个参与方合规地构建一个良性的环保生态,以长期激励的方式激发公众的环境保护意愿。具体在某个环境保护细分场景中,环保局、城市规划和自然资源局、城市管理行政执法局、环境保护产业协会、行业企业联盟、环保民间团体组织等,都可能成为善度发行者,倡导积极的环境保护生活方式和生产方式。具体而言,善度发行者需要先确立度量尺度,明确环境保护的度量指标(例如碳排放量、排污量、耗电量、垃圾分类准确率等)和计算方法,然后联合善度赞助者落实环保积分与激励品的兑价机制。能获取用户相关环保数据的垂直行业平台或互联网平台等可作为善度分发者,经用户授权后,通过各类物联网设备收集数据及发放环保积分。环保组织、公益组织乃至所有积极履行企业社会责任的企业都可以作为善度赞助者,提供例如出行票券、景点门票、物业费减免、碳排放权和排污权等产品或服务激励,持续鼓励大众践行环保行为。此外,善度兑换平台可由互联网平台或积分商城承担,所有兑换记录上链存储,善度清结算服务提供者可由持牌银行机构承担,善度监管者可由环保局或其他政务部门承担,从而穿透式地管控风险,并实时获取数据及评估效果。

在运动健康场景中，通过善度框架，可以组织多个与体育运动和健康生活相关的参与者，构建一个良性闭环，以长期激励的方式来激发更多人的运动意愿，提升锻炼动力。在设计上可与环境保护场景类似，体育总局、省市体育局或相关的积分平台等，都可以成为善度发行者，倡导全面健康的积极生活方式。具体而言，善度发行者先确立度量尺度，明确各项运动所消耗的卡路里，然后制定运动积分的计算方法，联合善度赞助者落实积分与产品服务的兑价机制等。运动步数统计应用或互联网体育平台则可作为善度分发者，经用户授权后，通过可穿戴设备、手机 App 等方式收集数据及发放运动积分。健康险、医疗机构、运动场馆、可穿戴设备厂商等可以作为善度赞助者，提供例如医疗险、重疾险折扣券、医疗器械购买优惠、运动场馆的消费优惠等产品或服务激励，还可以在得到用户授权后，针对用户的运动强度、心率、运动频率等数据，定制合理运动方案等，从而长期有效地鼓励大众践行健康运动审核。此外，善度兑换平台可由互联网平台或积分商城承担，所有兑换记录上链存储，善度清结算服务提供者可由持牌银行机构承担，善度监管者同样可由体育总局或省市体育局承担，既可确保风险可控，又能实时评估健康生活方式的普及效果。

在文化阅读场景中，也可以基于善度框架，由文化局等部门组织多个文化阅读相关的参与者，构建持续发展的读书生态，有效激励更多人喜爱读书。具体而言，文化局或出版集团作为善度

第六章
分布式商业与分布式社会治理

发行者，旨在倡导全民积极阅读的生活习惯，落实阅读时长或阅读书籍的数量作为度量尺度，并联合善度赞助者制定兑价比例，线上书城、阅读类 App、电子书阅读设备等善度分发者在得到用户授权之下，根据用户的阅读时长、屏幕浏览时间、购书数量等数据，为用户分发阅读积分。阅读类应用、书店、出版社乃至文化部门、教育部门等皆可提供相应产品或服务激励。善度兑换平台可由互联网平台承担，善度清结算服务提供者可由持牌银行机构担任，善度监管者可由文化局或教育局负责。

在公益慈善场景中，如鼓励公众无偿献血、志愿服务、慈善捐助、见义勇为等都可以使用善度框架进行优化和改善。具体而言，卫生健康局、公安局、志愿服务中心、血液中心等机构都可以作为善度发行者或监管者，根据献血量、尊老爱幼次数和见义勇为次数等度量尺度，制定公益积分的计算规则以及激励品的兑价机制；公益慈善类 App 和互联网社交平台都可以作为善度分发者；积极履行企业社会责任的企业可作为善度赞助者，鼓励公众对和谐社区、和谐社会的贡献，户政机关等政府部门亦可以作为善度赞助者，提供入户、安居、入学等方面的优先服务，激发全社会多行善举的良性循环。同样地，善度兑换平台可由互联网平台承担，善度清结算服务提供者可由持牌银行机构担任。在善度框架的作用下，公益慈善产品一方面可以有效连接政府部门、行业协会、慈善公益组织，助力其倡导和谐社会的建设；另一方面也为企业践行社会责任提供一个良好的平台，有助于树立企业良好的声誉和形象，提升企业的竞争力，并塑造一个可持续发展的良性生态。

在重大疫情管控等公共卫生管理场景中，通过激励机制的设计，鼓励个体主动申报、主动测量、主动隔离，以达到有效控制传染源的良好防疫效果。具体而言，卫生健康委员会、疾控中心、社区管理部门等机构都可以作为善度发行者或监管者，根据体温测量次数、旅行或出行轨迹、上报疫情信息数量、举报野生动物违规交易行为次数、志愿抗疫行为次数等度量尺度，制定疫情防控积分的计算规则以及激励品（如口罩、消毒酒精、日常生活用品等）的兑价机制和兑换标准；电信运营商、海关、物管平台等在获得个人用户授权后，可以作为善度分发者，一方面通过各类设备收集相应数据，另一方面为终端客户分发相应的防疫积分；医疗药品、防疫用品相关企业或其他积极履行企业社会责任的企业都有机会作为善度赞助者，以有形的激励品鼓励大众对疫情防控做出贡献，政府部门亦可以作为赞助者，提供一些无形的激励或认可，发挥个体主动参与防疫的能动性。此外，善度兑换平台可由电信运营商或可信的互联网平台承担，善度清结算服务提供者可由持牌银行机构担任。在善度框架的作用下，公共卫生管理部门可以有效联合多方面的力量，通过激励机制调动企业与大众主动参与防疫的积极性，激发正向行为，这将有助于完善疫情防控体制和机制，进一步健全国家公共卫生的应急管理体系。

后记

本书成稿于 2020 年夏秋之交,彼时,全球的新冠肺炎疫情仍然严峻,贸易摩擦仍未平息,在"新全球化""双循环"等新形势下,过去几十年被印证可行的众多商业模式都面临着巨大挑战。与此同时,全球各国的货币与财政政策迎来前所未有的宽松,中国也正在加大深化改革开放的力度,积极释放制度红利,各个产业亦加快了自身的数字化转型升级,不难预见,引领下一个十年或更长时间的新范式正在酝酿之中。"永远不要浪费一场好危机",洞见并把握当下危中之机,才能在新的范式下立于不败之地。

信任是商业的基础。在众多的挑战中,最值得关注的一点是新冠肺炎疫情和贸易摩擦加剧了信任危机的发酵,这也提醒我们换一个角度来思考商业模式的发展路径。过去的很长时期内,尽管法律、监管、协议等正式制度的出现有效降低了交易成本,但社会成员间的一般性信任等非正式制度依然在经济生活中扮演着重要作用。而当技术的发展水平不足以弥合信息的不对称带来的信任问题时，商业信任的建立较为困难，商业主体往往只能选择中心、权威、集中式的信任机制，甚至只能选择信任"自己"，这也助长了集中式商业的发展路径。

近年来，科技的发展为信任的建立和传递提供了新的可能。一方面，5G、物联网、工业互联网等新型基础设施让海量数据变得触手可及和易于收集；在云计算、边缘计算等算力基础设施和人工智能、安全多方计算、数据挖掘等算法技术的辅助下，商业主体可以构建起基于数据、算力、算法的新型信任机制，作为传统集中式信任机制的有效补充，如基于大数据的数字信用贷款取代抵押贷款成为服务普惠金融的发展趋势。另一方面，通过区块链和分布式账本技术，还可以实现信息的可信传输，从而进行更深层次、更广领域的信任传递。因此，在这种新型的信任机制和信任传递能力之下，多方参与、共享资源、跨越国界协作的分布式商业模式便具备了现实基础，成为新的商业路径选择。

同时，为了维系信任机制和信任传递能力的生态可持续，分布式商业需要满足模式透明和激励相容的要求，这有助于消除商业个体之间的利益摩擦，实现集体价值最大化的目标。

此外，由于世界政治和经济局势可能会变得更加复杂，不确定性进一步提升，商业的韧性因此变得至关重要。分布式商业模式通过松散耦合、自下而上、智能协同等能力或特征，可以加强

后记

商业韧性，提升全局的响应速度、迭代速度和应变能力，进而降低风险与成本。

的确，数字科技推动了信任机制的变革，为分布式商业提供了坚实的技术基础和机制基础。同时，信任的普惠化重新定义了商业边界并助力商业不断创新，从而加速了分布式商业的诞生。我们将自身的实践与思考付梓成册，谨希望能为分布式商业模式的发展和未来演进做出应有的贡献，并愿这更好的商业模式能造就未来更好的世界。商业理当如此，世界理当如此。